Ulrich Schaffer

Vom Glück, dich zu kennen

EDITION schaffer

im Kreuz Verlag

Ulrich Schaffer

Vom Glück, dich zu kennen

Briefe einer Freundschaft

Deine unbeschreibliche Seele

Ich würde dir gern nahe sein, um nichts anderes zu tun, als dir deine Kostbarkeit und Einmaligkeit zu spiegeln. Es ist für mich ein Genuss, ein wenig bei dir verweilen zu können und deine innere Schönheit zu erleben. Ich hoffe, dass du dich in meiner Zuwendung wohlfühlst und dich so siehst, wie du bist. In vorbeihuschenden Momenten will ich dir sagen, wie ich dich sehe und erlebe. Ich richte mich an deine unbeschreibliche Seele, an dieses Kind, dem die ganze Welt offen steht. Weitäugig bist du unterwegs. Und gleichzeitig richte ich mich an deine alte Seele, die weiß, welchen Weg sie einschlagen will. Deine innere Welt ist ein Wunder. Sie erfindet sich immer neu. Sie ist bereit, sich nicht zu wiederholen – soviel Schöpferkraft trägt sie in sich. Unter der Oberfläche liegen Schichten um Schichten, die alle Geschenke an die Welt sind. Auch das Schwere in dir, das Gewicht deiner Seele, ist ein Geschenk. Es bindet dich an die Erde und macht dich nahbar. Darf ich dich auf die Reise durch diese Schichten mitnehmen?

Du

Du wolltest gern, dass ich dir das sage, was ich auf meinem Weg entdeckt habe. Du wünschtest auch, dass ich dir sage, wie ich dich erlebe. Manchmal ist es mir fast peinlich, dass du mir dieses Vertrauen entgegenbringst, bin ich doch selbst noch unterwegs – mehr als ich es je war. Ich „weiß" jetzt weniger, als ich früher wusste und manchmal scheint das, was ich zu wissen glaube, mir wenig mit den Fragen zu helfen, die mich umtreiben. Aber trotzdem reiche ich das gern weiter, was ich entdeckt habe – für mich entdeckt habe. Ob es auf dich zutrifft, kannst nur du entscheiden.

Ich sehe es als große Zuwendung von dir, mich in deine innere Welt aufzunehmen, besonders die Welt deiner Fragen. Wenn du fragst – nicht unbedingt mich fragst –, wenn du fragend bist, dann wächst meine Zuneigung zu dir noch. Dann fühle ich die Verwandtschaft der Fragenden, die Verschwörung der Sucher. Manchmal scheint es mir, als wenn zu fragen und zu suchen das Höchste ist, zu dem wir fähig sind. Es adelt uns auf eine besondere Weise. Die Türen, die wir mit unseren Fragen aufstoßen, zeigen uns weitere Türen, von denen wir nichts wussten. Sie sind es, die unser Leben weit machen – erhebend und manchmal beängstigend weit. Das auszuhalten, gibt uns eine besondere Qualität.

Die Gedanken, die ich dir schicke, werden nicht systematisiert sein. Ich habe im Lauf meines Lebens immer wieder versucht ein System zu finden und es dem Leben aufzudrücken, aber das Leben ist immer größer gewesen und hat sich durch Erlebnisse, die es mir zugemutet hat, über jede von mir gemachte Ordnung erhoben. Es wird darum nur eine Sammlung von Gedanken sein. Wichtig ist mir bei jeder Überlegung, dass ich sie dir sagen darf – vorsichtig und in tiefem Respekt vor

deinem ganz eigenen Weg. Ich denke an dich und wünsche dir, dass du das reiche Leben, was du bereits in dir trägst, immer mehr entdeckst und entfaltest.
Zunehmend mehr Menschen leben in einer tiefen Einsamkeit, aus der sie nicht herausfinden. Sie tragen die gewaltige Sehnsucht in sich, Menschen wie sie selbst zu finden, mit denen sie ihr Leben in der Tiefe teilen können – oft ist ihnen das nicht wirklich bewusst. Auch da, wo sie rein äußerlich mit anderen verbunden sind, fühlen sie sich noch allein, umgeben von anderen, denen es ebenso geht. Weil wir an unsere Einsamkeit glauben, erleben wir sie.
Es gibt eine Sicht der Welt, in der wir einander alle näher sind, als wir ahnen: wenn wir unser Menschsein ansehen und das Verbindende feiern. Das sage ich mir selbst immer wieder, auch gerade dann, wenn ich es nicht erlebe und die Hoffnung schon fast aufgebe. Ich halte Ausschau nach Menschen, denen es auch so geht. Darum bin ich dankbar für die Möglichkeit, dir so begegnen zu dürfen.

Ich werde

Ich spüre ganz zart und fest gleichzeitig, wie ich an dir werde. Ich bilde mich an deinem Wesen. Ich entstehe still, aber konstant an dem Glück und der Herausforderung, die du mir bist. Auf geheimnisvolle Weise führt der Weg zu mir selbst über dich. Dabei hilfst du mir und stehst mir auch manchmal im Weg – beides ist notwendig.

Als du in mein Leben fielst

Es ist schon eine Zeit her, seit wir uns das erste Mal begegnet sind. Du bist in mein Leben gefallen. Ich habe dich nicht gesucht, mein Leben ohne dich war sich genug. Doch plötzlich standest du da. Ich wollte an dir vorbeigehen, wollte nicht berührt werden und dich nicht berühren. Meine Seele war nicht frei genug. Vieles ging mir durch den Kopf. Mein Leben war im Umbruch, ich brauchte Ruhe.
Aber da standst du. In dem Moment, als ich an dir vorbeigehen wollte, geschah etwas mit mir. Es war nicht umwerfend, nicht einschneidend. Ich hörte nur eine stille Stimme. Sie sprach keine Worte, sie hielt mich nicht an. Sie war nur da und ich wusste – noch ungenau –, aber ich begann zu wissen, dass ich dich wahrnehmen musste. Und dann wollte ich es. So nahm ich dich wahr. Es hatte nicht nur mit dir, sondern auch mit mir zu tun. Erst viel später begriff ich, dass du für alle Menschen standst. Ich war auf die Welt getroffen.
Ich habe zunächst nichts getan. Ich habe mich nur gegenwärtig gemacht. Ich erlaubte in den Momenten nur, dass wir uns begegneten. Ich nahm mich nicht zurück, ich schützte mich nicht, wie ich es häufig getan habe. Vielleicht war es auch nur, dass ich mir erlaubte zu merken, dass unsere Leben schon lange, vielleicht seit unserer Geburt, miteinander verquickt waren. Ich rede nicht von Seelenpartnerschaft. Der Begriff liegt mir nicht, weil er zu viele Menschen ausschließt. Ich begriff in der Begegnung, wie uns das Schicksal alle verbindet, weil wir alle genau zu dieser Zeit auf diesem Planeten sind. Ich spürte die Verwandtschaft. Und plötzlich fiel mir der Spruch der Hopi – wenigstens denke ich, dass er von den Hopi-Indianern stammt – wieder ein: Ich bin Du. Und das heißt dann auch: Du

bist Ich. Darum rede ich mich an, wenn ich mich an dich wende. Und was von dir zu mir kommt, ist etwas, was lange in mir geschlummert hat.
Es dachte nicht in Worten oder Gedanken in mir – ich nahm nur deine Energie wahr. Ich erkannte dich als eine Mitbürgerin dieses Planeten. Ich spürte dein Menschsein. Ich hatte mich an dem Tag sehr allein gefühlt und begriff, als ich dich sah, plötzlich und umfassend, dass mein Alleinsein – welches an dem Tag schon in die Einsamkeit abzukippen drohte – eine Illusion war. Ich erkannte ohne Worte, dass Vereinsamung Kurzsichtigkeit ist. Ich entdeckte die Verbindung zwischen uns beiden. Ich lächelte, grüßte dich und ging weiter. Aber ich spürte, dass du etwas gemerkt hattest. Das reichte. In dem Moment waren keine Worte nötig. Ein Fundament war gelegt. Eine Verwandtschaft konnte entdeckt werden.

Was ich sehe

Ich sehe zwei Menschen. Durchschnittsmenschen, auch wenn es das nicht wirklich gibt. Sie fallen nicht auf. Ihre äußeren Welten überschneiden sich hier und da. Sie atmen die ihnen verbleibenden Atemzüge. Du und ich. Ich wende mich dir zu.
Ich sehe in dir dieses unglaubliche Wesen, geöffnet für die Welt, etwas eingeschüchtert durch die vielen Herausforderungen, manchmal erschöpft von dem Versuch, aus allem etwas zu machen und zu verstehen, was es bedeutet, heute und hier lebendig zu sein. Ich höre manchmal dein Seufzen, die Unsicherheit in deiner brüchigen Stimme, die Mutlosigkeit, gegen die Härte der Welt anzugehen, die Gefährdung deines Glaubens

Dein Weg

Immer wieder staune ich über deinen Weg und seine Einmaligkeit. Im Gehen entsteht er. Du hast mir einmal gesagt, dass du keine Vorbilder hast, wenigstens keine, denen du nacheiferst, sondern dass du dich als Vorkämpfer siehst. Ist nicht jeder von uns ein Vorkämpfer, wenn wir uns wirklich auf uns selbst besinnen und nicht versuchen, jemand anderen zu kopieren oder zu gefallen?
Zum Gedanken des Weges fiel mir gestern noch ein, dass die ganze Welt ein Weg ist. Es gibt nichts, das nicht Weg ist für den, der unterwegs bleibt. Das Entscheidende ist nur, ob ich meinen Weg bestimme oder auf dem Weg eines anderen gehe. Und ob ich sehen kann, wie sich gerade auch in der erlebten Ausweglosigkeit mein Weg auftut. Alles ist Weg. Ich selbst bin ein Weg, auf dem ich zu mir finde. Ich finde durch meine Fehler, durch meine Verirrungen, durch mein Glück zu mir.
Du hast eine gewisse Geste, es ist eine energische Armbewegung, die du einsetzt – wahrscheinlich, um dich selbst zu ermutigen –, wenn du entschieden bist, dich nicht vom Weg abbringen zu lassen. Ich lasse meine Energie in deine Geste fließen und stärke dich.

Das Risiko

Ich glaube, dass Freundschaft letztlich ein Geheimnis ist. Wir wissen nicht genau, was da zwischen Menschen geschieht. Es ist ein großes Geschenk des Lebens an uns. Wichtig ist, dass wir uns bereithalten, um dieses Geschenk zu erfahren. Dazu brauchen wir den Mut zu vertrauen. Einen anderen Menschen in unser Leben einzuladen, ist immer ein Risiko.

Alles ist
ein Weg
für den,
der unterwegs
bleibt.

Worum es geht

Du hast mich schon öfter gefragt – direkt und indirekt –, worum es mir geht. Ich habe viel darüber nachgedacht. Ich möchte am Ende meines Lebens mit Über-zeugung sagen können, dass ich mehr zur Bewusst-werdung der Welt beigetragen habe als zum allgemeinen Schlafzustand. Manchmal bin ich mir da nicht sicher, auch wenn ich mir viel Mühe gegeben habe. Es ist so leicht, selbst durch Übungen der Bewusstwerdung, eine Art Schlafzustand zu fördern. Nicht alle Bewusstwerdung ist Reife, weil sie da, wo es ihr an Liebe fehlt, auf halbem Weg steckenbleibt. Es kann nur ein Lippenbekenntnis sein – die große Verwechslung, bei der man sagt, man tue etwas, und dann glaubt, man habe es bereits getan, weil man es gesagt hat. Diese Selbsttäuschung gibt es auf den höchsten Ebenen und ich glaube, niemand ist davor sicher. Die Blindheit, die durch die Nähe zu etwas entsteht, kann groß sein. Mir fiel es heute in einem Gruppengespräch auf, in dem ein Mann immer wieder die Einfachheit seiner religiösen Überzeugung betonte und dafür eine Sprache wählte, die gespickt voll von unnötigen Verkomplizierungen war, die ihm den Anschein geben sollten, differenziert zu denken. Es war ein seltsamer Widerspruch, dem er hätte entgehen können, wenn er bei der Schlichtheit seines Glaubens geblieben wäre. Ich vermute, dass auch in diesen Briefen an dich die Ansätze zu dieser Verirrung da sind, ohne dass ich es merke. Wir können uns mühelos in die Tasche lügen, ohne es zu merken.

Was mich an dir beglückt, ist, dass du die seltsame Begabung hast, durch dein Wesen die Bewusstwerdung zu fördern. Ich beobachte manchmal, wie durch dein Schweigen unter Menschen Erhellung geschieht. Da geht jemandem etwas auf, nur weil du schweigst. Deine

Zurückhaltung ist eine Sprache für sich. Weil du nicht mit dem Erwarteten antwortest, wirfst du dein Gegenüber auf sich selbst zurück. Das fördert das In-sich-Gehen.
Es gibt auch die Berufsförderer der Bewusstwerdung, durch die viel geschieht, aber an denen selbst relativ wenig geschieht. Sie sind ein wichtiges Instrument und ein Auslöser, aber in ihnen wird wenig ausgelöst. Ich habe manchmal Angst, dass ich auch zu ihnen gehören könnte, ohne es zu merken. Ich will dir mit dieser Überlegung nichts durch die Blume sagen, aber ich glaube, dass es einer besonderen Wachsamkeit bedarf, um sich selbst nichts vorzumachen. Die Welt ist voll von Menschen, die eines predigen und etwas anderes leben. Ganz einfach gesagt: Ich liebe deine Echtheit in deiner Sprache. Ich muss nicht raten, was du wirklich sagen willst. Ich glaube dir, was du sagst.

Beschenktwerden

Ich habe schon jahrelang überlegt, wie ich einem Menschen sagen kann, dass sein Leben mich bereichert, zutiefst berührt und anrührt – ohne, dass es kitschig wirkt. Ich habe noch keinen guten Weg gefunden. Ich mag Rührseligkeit nicht, Rührung schon. Sie sind durch Welten getrennt.
Ich erwähne das, weil ich merke, wie reich du mich beschenkst. Unsere Freundschaft gehört zu dem Kostbarsten, was ich erfahre. Sie gibt meinem Leben einen zusätzlichen Kern. Ich habe meinen eigenen Kern, von dem aus ich lebe und zu dem ich immer wieder zurückkehre. Da bin ich ich. Aber, und das ist das Wunder, neben diesem Kern in mir gibt es den Kern, den unsere Freundschaft darstellt. Er ist oft nur ein Hauch und doch

fest und belastbar in seiner Vorläufigkeit – eben wie eine gute Freundschaft.
Indem ich mich in diesem Austausch auf dich konzentriere, werde ich beschenkt. Ich danke dir für den Reichtum deines Lebens, der in einer geheimnisvollen Vermehrung auch zu meinem Reichtum wird. Wenn du meine Worte etwas sentimental und kitschig findest, dann lass sie einfach stehen – dann habe ich noch nicht den richtigen Ausdruck gefunden und werde weiter suchen.

Gefährdung

Ob du das Gefühl kennst, unter einer ständigen Gefährdung zu leben? Als ich letztes Jahr in der amerikanischen Wüste in Nevada war, fiel mir auf, dass jede Pflanze, jedes Tier jeden Tag gefährdet ist und am Ende nicht überleben wird. Jeder Organismus kämpft ums Überleben. Nicht so anders als ein jeder von uns. Auch wir kämpfen um unsere Existenz. Jeden Tag sind wir gefährdet. Es kann jede Minute zu Ende sein. Als ich jünger war, habe ich weniger darüber nachgedacht. Jetzt lebe ich sozusagen auf Messers Schneide. Dagegen gibt es keine Versicherung – auch der Glaube schützt nicht vor dieser Gefährdung und irgendwann wird mich mein Ende ereilen. Alles, was ich tue, ist unter diesem Vorzeichen getan. Man könnte meinen, dass mich das morbide macht, aber es ist nicht so. Es erhöht die Lebensqualität, es lässt mich jeden Moment noch deutlicher erleben. Ich finde, dass dieser Gedanke wie ein geheimnisvoller Schatzkasten ist. Wir können ihn jeder Zeit aufmachen und uns von der Kostbarkeit seines Inhalts überstrahlen lassen.
Als ein Freund vor einem Jahr die Diagnose bekam, er

hätte nur noch ein Jahr zu leben, begann er intensiv zu leben – nicht etwa weil er nur noch ein Jahr zu leben hatte, das war nicht so wichtig, aber weil ihm die Kostbarkeit des Lebens überhaupt zum ersten Mal aufging. Weil es ihn in absehbarer Zeit nicht so geben würde, wie er sich kannte, darum wollte er sich selbst in der Welt besser kennenlernen. Er wollte die Seele der Welt mit seiner Seele erleben – dichter, als er sie bisher erlebt hatte.

Vielleicht wäre alles langweilig, wenn wir in diesem Körper ewig leben würden. Wir brauchen die Gefährdung. Darum sollte auch kein Glaube dieses Gefühl der Gefährdung je ganz aufheben.

Bei dir erlebe ich eine unerschütterliche Überzeugung, dass das Leben sich durchsetzt. Es kann sein, dass diese Unerschütterlichkeit auch mal angefochten wird, aber ich habe nicht das Empfinden, dass sie aus einer Unwissenheit des Schweren im Leben stammt. Du weißt, was geschehen kann. Ich habe von der schweren Krankheit deiner Verwandten gehört und erlebe, wie du das aufnimmst in dein Weltbild. Gefährdung gehört für dich dazu. Auch das Ende gehört dazu. Ich glaube, dass manche dich um deine Festigkeit beneiden. Du musst mir mal erklären, woher sie kommt und wie du sie aufrecht erhältst.

Ähnlichkeit

Wenn ich dich wirklich erkenne, da, wo du zwar einmalig bist, aber gleichzeitig auch ein Ausdruck des allgemeinen Menschseins, da erkenne ich auch mich. So unterschiedlich wir auch sind, so ähnlich sind wir einander auch. Wenn wir tief genug nachforschen, beseelen uns ganz ähnliche Wünsche und Träume. Da möchte ich ansetzen.

Nicht alle Bewusstwerdung
ist Reife, weil sie da,
wo es ihr an Liebe fehlt,
auf halbem Weg
steckenbleibt.

Ausweichen

Vielleicht ist es nur eine Ausflucht, etwas „Schicksal" zu nennen und es nicht in voller Verantwortung in die Hand zu nehmen. Wir sind sehr findig, wenn es darum geht, die Verantwortung nach außen zu verlagern. Erinnerst du dich noch, wie ich mir die Ohren zugehalten habe, als wir uns zuerst kennenlernten und du anfingst, von deinen Eltern, deinen Geschwistern, deiner fehlenden Ausbildung, deiner Krankheit jeweils als Entlastung zu reden? Ich wollte durch mein oberflächliches Hören nicht an dem Schlenker teilhaben, mit dem du versucht hast, dich aus der Verantwortung zu entlassen. Du fandst meine Reaktion erst zu hart. Wie geht es dir jetzt damit? Verstehst du, dass ich das Zuhören schon als wortlose Übereinstimmung sehe? Ich möchte auch nicht durch mein Schweigen bei dem mitmachen, was mir fremd und zweifelhaft erscheint. Ich urteile nicht über deinen Weg, wohl aber über meinen. Ich möchte mich vor niemandes Karren spannen lassen.
Erlaube deinen Hunger nach Alleinsein und Einsamkeit. Die Seele hat ein ständiges Bedürfnis, sich selbst zu begegnen. Sie findet nicht nur sich selbst in der Begegnung mit sich selbst, sondern gleichzeitig auch den Weg zum anderen. Wenn du dem Bedürfnis nach Einsamkeit nicht Rechnung trägst, verhinderst du die tiefere Beziehung zu anderen. Sich also Zeit für sich selbst zu nehmen – ja, sie fast kämpferisch zu schützen in einer Zeit, wo viele meinen, Anspruch auf unsere Zeit zu haben –, ist bitter notwendig, wenn wir beziehungsfähig bleiben wollen. Wir können nur mit anderen sein, wenn wir fähig sind, allein zu sein.
Ich habe dich gestern auf einem Spaziergang durch die Felder gesehen. Ich sah dich von Weitem und wollte dir nicht näherkommen. Ich empfand eine tiefe Wärme und

ein Hingezogensein zu dir, dich so einsam in den Feldern gehen zu sehen. Ich spürte eine gewisse Verlorenheit – vielleicht war es auch nur meine Befindlichkeit zu der Zeit. Ich habe dich von Weitem an deinem Gang erkannt. Du bliebst ab und zu stehen – ich konnte dich sehen, wie du förmlich in dich gingst, um dich besser kennenzulernen. Ich war bei dir – näher, als wäre ich neben dir gegangen. Ich weiß, dass du auch in deinem Alleinsein manchmal in eine schmerzhafte Einsamkeit eintauchst, trotz deiner Partnerschaft, und dass du es schwerfindest. Ich glaube, das wird von uns gefordert, das haben wir nötig, um echt zu sein.
Beim Alleinsein scheint es mir auf die Leere anzukommen. Wir brauchen die Leere, in die hinein wir uns ausbreiten können, auch wenn sie uns Angst macht. Wir brauchen Platz für unsere Seele. Da kann uns sogar der beste Freund im Weg stehen. Wenn aber dieser gute Freund es ebenso wagt, seine Einsamkeit auszuloten, verbindet uns gerade dieses Erlebnis auf eine ungeahnte Weise. Nicht nur, was wir direkt miteinander teilen, sondern auch das, was wir getrennt suchen, lässt uns zueinander finden. So will ich deine Einsamkeit schützen und dich bitten, meine zu schützen.
Dich so zu beobachten, hatte am Ende nur begrenzt mit dir zu tun. Ich begegnete mir selbst in dem, was ich sah, und ich begegnete dem Menschen schlechthin. In deinem Gang über die Felder konnte ich uns alle sehen: einerseits allein, aber durch unsere Gedanken und unsere gemeinsamen Geschichten so eng verbunden, dass uns nichts trennt. Nur können wir es nicht immer sehen. Wir schauen auf die Unterschiede und Nöte und verlieren in unserem Selbstmitleid die Verbindung zueinander. Darum war es eine kleine Erleuchtung, dich so gehen zu sehen. Ich sah Jederfrau und Jedermann. Ich konnte in der dort wandernden Person für Momente das Los des Menschen sehen. *Ich*

ging da, ich ging in mich, ich meinte Stimmen zu hören, ich tangierte den Zweifel, ich stürzte mich in die Gewissheit, ich verlangsamte meinen Schritt, stutzte und ging weiter. Du warst ich, ich war du. Alles andere war unwichtig.

Finden

Ich glaube, dass das, was du nicht findest, sich noch nicht finden lässt. Es geht dabei nicht um das Gesuchte, sondern um den Sucher. Wir sind immer nur so weit fähig zu finden, wie wir mit dem Gefundenen leben können und wollen. Unser vergebliches Suchen ist Ausdruck unseres eigenen Unfertigseins, ohne dass das ein Fehler oder ein Mangel ist – es ist noch nicht dran, die Zeit ist noch nicht reif. Wir sind durch unsere eigene Blindheit geschützt. Ebenso ist es wichtig, wenn uns etwas ins Auge fällt. Etwas lässt sich finden, drängt sich uns vielleicht sogar auf und es ist „dran", dass wir uns ihm zuwenden. Uns blind zu stellen, ist ein Verrat an dem, was dann nötig ist.
Kannst du dir mit dieser Sicht für manches in deiner Vergangenheit weniger Vorwürfe machen? Ich wünsche es dir. Ganz vorsichtig bereitest du dich für das vor, was noch kommt, ohne es manchmal selbst zu wissen. Deine Neugier und deine Fragen sind es, die dir Welten öffnen. Mit deiner Haltung schaffst du selbst deine Zukunft. Darum geschah bisher nur, was möglich war und nur mit der Geschwindigkeit, die du verkraften kannst. Deine Entfaltung hat ihre eigene Weisheit.

Wir sind
immer nur
so weit fähig
zu finden,
wie wir mit dem
Gefundenen
leben können
und wollen.

Der größte Verlust

Ich habe dich fragend kennengelernt. Deine Fragen waren blutvoll, lebendig, existenziell. Du selbst warst eine Frage an das Leben. Du strecktest dich aus. Der größte Verlust, den wir in unserer Entwicklung erleiden können, ist die Fähigkeit, das Fragen zu verlieren. Du wolltest damals wissen, wie man an einen Gott glauben kann, der die Welt leiden lässt. Ich war dabei, als du die Frage in einem kleinen Kreis stelltest und ich bin heute noch glücklich, dass ich nicht versucht habe, sie zu beantworten. Einige haben es versucht und die mit den längsten Antworten hatten die wenigsten Fragen. An ihnen merkte ich, wie Fragen und Antworten sich oft gegenseitig ausschließen. Aber es gibt eine Art Antwort, die ich gut finde, weil sie neue Fragen auslöst. Sie schafft eine Art Plateau, auf das man die nächste Leiter stellen kann, um weiter in die Luft zu klettern.

Ich bin glücklich, dass du nicht aufhörst zu fragen. Es ist nicht so leicht, besonders wenn man älter wird, sich das Fragen offen zu halten. Zwei Dinge wirken dagegen: Erstens hat man Antworten gefunden, vielleicht nur solche, die für einen persönlich ausreichen, und zweitens wird man mit zunehmendem Alter fauler, immer wieder neu in die Welt der Fragen aufzubrechen. Weil man sich aber entweder für die Welt das Fragens oder des Antwortens entscheiden muss, wählt man das Bequemere. Auch scheinen andere von jemand jenseits von fünfzig, sechzig oder gar siebzig eine Antwort zu erwarten. Das ist eine Versuchung: Wenn schon eine Antwort erwartet wird, warum sollte man dann nicht eine basteln und sie auf den Frager loslassen?

Zu fragen schafft eine Art Zukunft, vielleicht manchmal eine konstruierte, aber wir fragen, um für die Zukunft bereit zu sein. Zu antworten ist in der Regel nach rückwärts gerichtet: Etwas ist geschehen, man hat es untersucht und man hat die Antwort für die Abläufe gefunden. Darum sind die meisten Artworten eher konservativ und nicht visionär. Sie wissen, wie es war, nicht, wie es sein könnte. Mit ihren Antworten richten sie sich in der Welt ein, während die Frager noch nach einem möglichen Himmel suchen.

Ich habe den vorsichtigen Glauben, dass Gott in der Leere steckt, auf die ich manchmal stoße. Meine Antwortlosigkeit ist eine Art potenzierte Offenheit, in die ich hineinwachse. Ich lebe mit einer Form von Gott in mir und die Form Gottes ist gerade das, was mir fehlt, nicht, was ich habe. Es ist ein stilles Lob auf die Leere, auf die Abwesenheit und Unvollständigkeit. Mit der Fähigkeit zu fragen, meine ich nicht die Fragerei ohne Verbindlichkeit. Wenn ich eine Antwort gefunden habe, auch wenn sie nur vorläufig ist, will ich dieser Antwort entsprechend leben. Sonst lüge ich und habe das Recht verwirkt, Fragen zu stellen. Aber das missverstehst du sicherlich nicht. Wenn du im Gespräch insistierst, eine Antwort für eine Frage zu finden, dann habe ich immer das Empfinden, dass du diese Antwort auch leben willst, wenn sie dir einleuchtet. Du fragst nicht, um der Verbindlichkeit zu entgehen. Ich habe darum nie das Empfinden, dass ich umsonst sage, was ich sage. Du hörst zu und prüfst es, du stellst dich dem, was du hörst, auch wenn es unangenehm ist. Du hörst nicht zu, um schon einen Plan zu machen, wie du dich aus der Verbindlichkeit herauswinden kannst. Das erlebe ich bei den Menschen nicht, die mich durch ihre Fragerei zu ihrem Komplizen auf der Flucht vor dem Echtsein und dem integren Leben machen wollen. Sie gebrauchen mich, um nichts tun zu müssen – so lange sie noch reden und ich mitmache, auch wenn ich sie nur anhöre.

Es gibt Momente, in denen ich bei dir spüre, dass du die Relativität jeder Antwort spürst. Ob du weißt, dass du gerade da an den Rand Gottes stößt? Ich vermute, dass es bei Gott um etwas ganz anderes geht, etwas, was wir noch nicht verstehen und dem wir am besten durch diese Leere nahekommen.

Die eine Frage

Hand in Hand mit dem letzten Gedanken geht der Gedanke, dass das Leben selbst eine Frage an uns ist. Früher habe ich geglaubt, dass das Leben mir viele Fragen stellt. Überall waren Fragen: in meiner Partnerschaft, in meinem Beruf, im Weltgeschehen. Sie stürzten auf mich ein und zuweilen konnte ich mich kaum vor ihnen retten. Ich versuchte allen Überlegungen gerecht zu werden, sie redlich zu beantworten und die Antworten dann auch integer zu leben.
Diese Vielzahl von Fragen hat sich im Laufe der Zeit immer mehr reduziert. Übriggeblieben ist die eine Frage, die ich nicht einmal formulieren will. Du kennst sie. Du lebst sie. Ich spüre es.
Die Frage ist eigentlich keine Frage, sondern eine Entscheidung. Während ich an dich schreibe, sehe ich deine Augen vor mir. Sie sind in ihrer Durchsichtigkeit erstaunlich. Ich sehe sie und gleichzeitig sehe ich das Unendliche hinter ihnen, deine Unendlichkeit, deinen Weg.
Den Text „Du musst sie dir stellen, die eine Frage..." habe ich auf ein Blatt Papier geschrieben. Es liegt auf meinem Schreibtisch. Es gibt Tage, da lege ich etwas darauf, um dem Text zu entgehen.

Das Leben
fragt dich:
Was ist dir
wichtig?

Ich lebe
mit einer Form
von Gott in mir,
die mehr das ausdrückt,
was mir fehlt,
als das, was ich habe.

An den Grenzen wachsen

Ich staune, wie du am Rande deiner natürlichen Begabungen lebst. Du lebst nicht nur aus, was du in dir trägst und was du kannst, sondern du wagst dich über den sicheren Rahmen hinaus. Das gehört mit zum Schwersten, was wir tun können. Ich erlebe, wie du deine Neigungen verlässt und dich in den ungewohnten Raum vorwagst. Es fällt dir nicht leicht und ich weiß – du hast es mir öfter vor schweren Entscheidungen berichtet –, dass du zitterst und unsicher bist, aber du gehst den Schritt oder machst den Sprung.
Du wagst etwas, anstatt dich nur auf deine Stärke zu konzentrieren und das zu wiederholen, was du kannst und was dir vertraut ist. Manchmal merke ich förmlich, wie du in diesem Wagnis entstehst. Es ist eine Art Geburt. Du wächst an deinen Grenzen, ob sie Innerliches oder Äußerliches betreffen. Selbst wenn etwas schiefgeht, wächst du noch – gerade dann. Schon einige Monate später bist du eine andere, nicht grundsätzlich, aber ich kann merken, dass der Prozess bei dir weitergegangen ist. So entkommst du den Wiederholungen. Gelegentlich verliere ich dich durch deine Veränderungen aus den Augen und merke dann, dass ich dich festhalten wollte. Du beweist mir, dass du nicht festzuhalten bist. Ich muss mich dann bemühen, dich wieder einzuholen. Dabei merke ich manchmal, dass es anstrengend ist, weil es leicht sein würde, dich auf einem Stand fixieren zu können. Doch schnell weiß ich, wie kostbar es ist, dich bei deiner Entwicklung zu erleben. Es gibt Momente, wo ich mich durch deine Entfaltung selbst weiter entfalte. Wenn ich dann einen Schritt zurücktrete, erkenne ich den stillen Traum: Durch unsere eigene echte Entwicklung haben andere die Möglichkeit, sich zu entwickeln. Da, wo ein Mensch unterwegs ist, bleibt es nicht aus, dass andere sich auf den Weg machen. Bewegung löst Bewegung aus. Mut lädt ein, mutig zu werden.

Durch unsere eigene
echte Entwicklung
haben andere
die Möglichkeit,
sich zu entwickeln.
Mut lädt ein,
mutig zu werden.

Alles sollte anders sein

Manchmal spüre ich, wie stark du von dem Glauben beseelt bist, dass etwas anders sein sollte. Es mag dich selbst betreffen, die Beziehung zu deinem Partner oder einen Zustand in der Welt. Es scheint dich dann fast aufzufressen. Du bist unruhig, du willst die Veränderung erzwingen, du klagst an. Ich verstehe das, fühle ich es doch ebenso, oft auch die gleichen Dinge betreffend. Doch ich merke immer mehr, dass es nicht so leicht ist, den Lauf der Dinge zu wissen und bestimmen zu wollen. Früher habe ich mit Freunden manchmal ein Spiel gespielt, bei dem jeder von uns Gottes Rolle eingenommen hat. Wir haben uns dann gesagt, was wir in der Welt verändern würden – es war gleichzeitig eine stille Gottkritik. Das ging meistens recht leicht, solange wir es wie ein Spiel betrieben. Aber immer wenn wir es ernster meinten, merkten wir, wie schwer es war, etwas zu verändern, ohne dabei nicht die beteiligten Menschen zu bevormunden und ihnen die Freiheit ihrer eigenen Entscheidung zu nehmen. Wir verfielen dann in ein Nachdenken und erreichten eine Tiefe, die uns sprachlos machte. Wir gaben dann still und demütig die Führung zurück an Gott.

Es geht um eine Gratwanderung, bei der wir uns selbst in der Welt verändern und damit die Welt, die uns anvertraut ist. Dabei wissen wir gleichzeitig, mit einem Wissen, das von einem tiefen Vertrauen kommt, dass die Dinge so sein müssen wie sie sind, weil sie sich gerade in ihrer Unvollkommenheit ergänzen und erfüllen. Ich habe das schon oft ausdrücken wollen, verbal und schriftlich, aber es ist mir bisher nie so richtig geglückt, weil es um ein Mysterium geht. Die Entfaltung eines jeden Menschen und das der ganzen Welt ist geheimnisvoll. Vielleicht ist es so kompliziert, weil wir in der Zeit verhaftet sind. Erst wenn wir die Zeit überwinden, geschieht alles gleichzeitig.

Ab und zu geht mir ein einfacher Spruch durch den Kopf, der in seinem Ansatz tiefsinnig ist: Man sollte so beten, als wenn alles an Gott läge, aber so handeln, als wenn alles von einem selbst abhinge. Im Augenblick dieser Erkenntnis muss man zweigleisig denken und fühlen, und das eine Gefühl darf das andere nicht beeinträchtigen oder bestimmen. Alles liegt an dem eigenen Handeln und genau zur selben Zeit liegt alles am Loslassen. Vielleicht ist es Gelassenheit, diese Spannung auszuhalten und sie sogar zu fördern. Die Antwort für unser Leben liegt in dieser Spannung.
Aber zurück zu unserem Ausgangspunkt, zu deinem Empfinden, dass alles anders sein sollte. Vielleicht ist es wichtig, das zu fühlen, und ebenso wichtig, es loslassen zu können – nicht im Sinne der gegenseitigen Entkräftung, sondern im Sinne einer Ergänzung, die wir in ihrem vollen Wunder nur ahnen können. Ich merke, wie sich diese Position in dir entwickelt. Ich sehe dich mit ausgestreckten Armen dastehen: Der eine Arm reicht immer weiter in die revolutionäre Seite, die die Welt verändern will, während der andere Arm in die heilige Gelassenheit reicht, in der die Dinge ihren Platz wie von selbst finden. Von dir und deiner Position geht eine Energie aus, die den Prozess möglich macht. Ich bin glücklich, dich zu kennen.
Ich merke, dass du da, wo du etwas noch nicht ganz erfasst hast (ich habe es auch nicht), trotzdem von der Entwicklung gebraucht wirst. Sie setzt ein, wen sie will, wie sie es tun will und wählt dann den richtigen Zeitpunkt dazu. Es ist nicht so wichtig, dass wir alles verstehen, sondern dass wir uns vom Leben einsetzen lassen, wo es wichtig ist. Das ist nicht etwas Passives, sondern Ausdruck einer inneren Bereitschaft, den Moment zu erfassen und ihn zu formen.
Ich ahne die Welt nur, die du in dir trägst. Deine Seele ist eine reiche Kammer, dein Geist ein Himmel, erfüllt von einem erlebbaren Gott.

Der weite Raum

Wir sind vor ein paar Tagen mit unserem Gespräch nicht fertig geworden. Jeder Gedanke scheint drei andere nach sich zu ziehen. Schon der Prozess allein ist Ausdruck der Grenzenlosigkeit unseres Inneren. Wir haben kein Ende. Unsere Sehnsucht nach Einsicht und Verständnis und unser Hunger nach Glück und Erfüllung sind nicht zu stillen. Diese Unstillbarkeit ist unsere eigentliche Definition, vielleicht auch unsere Bestimmung.

Ich mag es, dass wir einen endlosen Dialog führen, ob wir uns begegnen oder nicht. Ich weiß von dir, dass dich die tiefen Dinge des Lebens bewegen und umtreiben, und ich hoffe, du weißt dasselbe von mir. Unentwegt reichen wir uns dort die Hände, wo es zählt. Ich glaube an die „Verschwörung der Wanderer" – an die, die unterwegs sind. Auch wenn ich nur eine Handvoll von ihnen kenne, vermute ich, dass es Tausende, ja, Millionen sind. Vielleicht erreichen wir sogar irgendwann den Punkt der kritischen Masse, wo es Unzählige geben wird, die sich glücklich schätzen werden, in die Tiefe des Lebens zu tauchen. Sie verändern den Planeten nachhaltig. Ohne sie werden wir keine Zukunft haben. Sie tragen die Welt.

Dein suchender Geist ist ein Segen für mich, deine Unruhe ein Geschenk, deine Fragen Türen in einen weiten Raum. Ich liebe die Fragen besonders, bei denen man schon von Anfang an weiß, dass man keine Antwort finden wird. Ich spüre dann, dass es dir auch nicht um Antworten geht, sondern um den Prozess des Fragens. Als du neulich sagtest, dass dir Fragen wichtiger als Antworten seien, da musste ich schmunzeln. Es ist schwer, Menschen zu finden, die das so sehen und es auch zugeben – leben wir doch in einer Welt, für die

Effizienz ein wichtiger Wert ist. Da muss alles möglichst schnell gelöst werden, damit der Prozess weitergehen kann. Deine Fragen dagegen bremsen. Und das ist gut, weil der Ablauf, in den wir eingespannt sind, uns oft hinter sich lässt. Wir kommen in unserem eigenen Leben nicht mehr vor.

Intuitiv scheinst du zu wissen, dass es neben dem Prozess, neben den bekannten Abläufen, den Ordnungen und Regeln noch eine Wirklichkeit gibt, die nicht erfassbar ist. Man kann sich ihr nur anvertrauen. Sie ist es, die uns zu Menschen macht. C.G. Jung hat einmal gesagt, dass wir auf Unendliches bezogen sind. Wie wahr. Ich erlebe das auch an dir: Dein Sinn – damit meine ich die Kombination deines Geistes, deines Gefühls und deines Willens – gibt sich nicht mit dem zufrieden, was du erreicht und erkannt hast. Ich erlebe es nicht wie ein Haschen nach Erfolg oder Anerkennung, aber wie ein stetiges Ausdehnen. Es ist ein Ausdruck deiner Sehnsucht. Du erfüllst das, was von dir noch erfüllt werden möchte. Manchmal erlebe ich dich wie Wasser, das einfach fließt, sich Bahn macht und alles durchdringt.

Wenn ich dir begegne, und schon wenn ich nur an dich denke, habe ich das Empfinden, dass der Boden, auf dem wir uns bewegen, trägt. Es ist nichts, was wir bewusst gemacht haben. Weil du so bei dir bist, kann ich bei mir sein. Ich muss nicht unentwegt darüber reflektieren, was du brauchst, hoffst oder willst. Ich bin nicht verantwortlich für dein Glück und ich danke dir, dass du mich nicht spüren lässt, dass ich es sein könnte. Dazu merke ich, dass wir gerade zu zweit die Weite der Welt vergrößern. Einer kann es auch allein, aber zu zweit gelingt es besser. Wo zwei oder drei in meinem Namen zusammen sind, hat Jesus einmal gesagt, da bin ich unter ihnen. Unter gewissen Vorzeichen, die wir oft nicht genau kennen, bricht das Mysterium in unser Leben ein. Dann merken wir, dass wir alle Träger des Geheimnisses sind. Das erlebe ich mit dir. Keine vordergründigen Lösungen, keine Abhängigkeit von der Vorläufigkeit, keine Fixierung auf die Diesseitigkeit und keinen Glauben, dass die Logik uns die ganze Welt erschließt. Mit dir lässt sich glauben, dass das, was wir sehen, nicht alles ist.

Ungenügend

Macht dir der Gedanke, dass du nicht genügst, zu schaffen? Nimmt er dir manchmal die Lebenslust? Ich kenne das Gefühl. Ich habe viel Zeit damit verbracht, meine eigenen Misserfolge zu betrachten und kritisch gegen mich selbst zu sein. Aber jetzt weiß ich – auch ohne Erklärungen –, dass ich genüge. Ich bin nicht vollkommen und gerade das ist meine Vollkommenheit. Ich bin auf eine einmalige Weise unvollkommen – das ist mein Beitrag.
Du genügst. Ruhe dich darin aus. Du passt, so wie du bist, in das Gefüge der Welt. Du musst dich nicht erst verändern. Was ist das Gefüge der Welt? Es ist nichts außerhalb von dir. Du bist das Gefüge der Welt, du bestimmst, wie die Welt aussieht. Darum passt du immer. Und da, wo du nicht so passt, wie du es wünschst, da kannst du frei entscheiden, dich zu ändern. Unser Wert wird nicht dadurch bestimmt, was wir beitragen können, sondern er liegt in unserem Sein. Aber das wusstest du ja schon. Jetzt lernen wir, es zu glauben und dann auch zu leben.

Wir alle
sind Träger
des Geheimnisses.

Liebe das differenzierte Leben

Ich sehe, du schaffst mit deiner Haltung eine bergende Insel in einem Meer der Vereinfachung, das am Ende alle Unachtsamen ertränkt. Ich habe einmal ein Seminar geleitet, bei dem ich den Teilnehmern immer wieder zugerufen habe: „Love the differentiated life." Am Ende klang es wie ein Mantra, das uns Mut machte. Von Sitzung zu Sitzung des Seminars wurde es einfacher, das zu tun, bis wir am Ende das Komplizierte liebend in unserem Leben aufgenommen hatten. Ich hatte das Empfinden, dem Leben „gerecht zu werden", es nicht auf ein Schwarzweißbild zu reduzieren.

Liebe das differenzierte Leben! Das Vereinfachte ist für religiöse Fanatiker, für Politiker, die nur sich selbst dienen und nicht ihren Wählern, für die, deren Leben an ihrer Nasenspitze endet, oder für die, die meinen, für alles eine Antwort haben zu müssen.

Wenn wir das Differenzierte lieben, wird es einfach. Das unangenehm Komplizierte entsteht meistens durch seine Ablehnung. Was wir ablehnen, stellt sich auf und muss mit uns kämpfen. Was wir umarmen, schmilzt in unseren Armen. Zuwendung ist die Haltung, auf die fast alle reagieren.

Ich kenne jetzt manchmal Momente, in denen ich begeistert bin, die Welt nicht zu verstehen und doch Teil von ihr zu sein. Ich habe dann das Empfinden, sie durch mein Unverständnis zu ehren. Verstehst du, was ich meine? Ich bin damit nicht auf der Seite der Verkomplizierer, die sich einen Sport daraus zu machen scheinen, alles schwieriger darzustellen, aber ich will nicht auf der Seite der Vereinfacher sein. Natürlich hätte ich manches gern einfacher, aber ich weiß, dass ich schon mit dem Wunsch Gefahr laufe, manche Menschen und Gedanken zu opfern, weil sie komplex sind. Auch

will ich mir selbst erlauben, so kompliziert zu sein, wie ich es bin. Ich darf dem nachgehen, was in mir lebt und was keinen Platz in der vereinfachten Welt hat.
Dir gelingt die Gratwanderung zwischen dem Einfachen und Komplizierten. Ich habe erlebt, wie dir etwas noch nicht kompliziert genug war. Du wolltest nicht die „simple version", die sich am Leben vergeht. Erinnerst du dich, wie du unlängst fast wie ein Kind immer weiter gefragt hast: Und was steckt dahinter und dahinter und dann noch dahinter? Du zielst auf das Geheimnis. Weil du es in dir trägst, ruhst du nicht, ihm in der Welt nachzugehen. Merkst du, wie es dabei nicht um gewisse Antworten geht, sondern um eine Haltung zum Leben?

Geist vom großen Geist

Ich spreche dich heute als Wesen von zeitloser Bedeutung, Schönheit und Einmaligkeit an. Ich schaue an der Person vorbei, die ich und alle anderen kennen, und versuche, dich mit den Augen Gottes zu sehen. Was für ein Anblick! Du bist immer mehr, als du von dir kennst. Du bist vor allem wertvoller. *Wertvoller* ist ein unzureichendes Wort, weil es ein Komparativ ist. Du bist mit nichts und niemandem zu vergleichen und auch so, wie du heute bist, bist du nicht mit dir von vor zehn Jahren zu vergleichen. Als du ins Leben eintratst, bestand schon dein immenser Wert, auch wenn es damals bereits mehr als sechs Milliarden Menschen gab. Weil du bist, bist du wertvoll. Ich glaube, dass Gott immer den einzelnen sieht, nicht die Menge.
Früher hätte ich dich ein Geschöpf Gottes genannt, heute möchte ich dich als Freundin Gottes ansprechen. Wir sind unserer Geschöpflichkeit entwachsen – sind nicht

mehr Ton auf der Scheibe des Töpfers –, sondern ein Gegenüber Gottes, Freunde eben. Ich stelle mir das Glück Gottes vor, wenn er deinem Treiben, deinen Gedanken, deinem Wachstum zuschaut und sieht, wie sich dein Leben entfaltet. Das ist eine sehr vermenschlichte Vorstellung Gottes – aber wir haben nicht mehr. Wenn ich schon so viel Freude an deinem Leben habe, wie viel mehr dann Gott, der dich in einer unaussprechlichen Tiefe kennt und liebt. Er neigt sich dir zu, er trägt dich, er lässt dich ganz allein gehen, weil du es kannst, er bewundert dich, er bestimmt dich nicht, weil du dich selbst bestimmen kannst, er verfolgt dein Werden mit Spannung. Ich wähle diese Ausdrücke, damit du sie spürst und sie fassbar werden. Wir wissen nicht, wie Gott uns wahrnimmt, wir haben nur Bilder dafür, die sehr menschlich sind. Wir dürfen nicht vergessen, dass es nur Bilder sind. Dahinter existiert das Unfassbare einer anderen Dimension. Ich genieße es, da hineinzuströmen und mich dort Augenblicke lang zu verlieren – endlich die Enge meiner Vorstellungen zu verlassen. Dann ahne ich, dass das mein Ursprung ist. Ich stamme aus dem Unbegrenzten und Zeitlosen.
Wenn ich das alles überlege, dann führt es mich zu einer tiefen Ehrfurcht vor dir und vor mir – vor unserer hohen Berufung. Die will ich immer mitdenken, wenn ich dir begegne. Da werde ich staunend still.

Denken und leben

Wir können existenziell nur das denken, was wir bereit sind auch zu leben. Alles andere Denken ist eine „Beschäftigung mit einem Thema“, die nichts kostet und darum eine gewisse Tiefe nicht ereicht. Die Tiefe erreichen wir nur mit Risiko im Gepäck.

Das Kind in uns

Wir sind in unserem Gespräch nicht fertig geworden mit dem Gedanken des Kindes in uns. Du wolltest gern wissen, ob ich noch die jüngere Form von mir selbst in mir trage. Ja, das tue ich. Ich treffe mich immer wieder so, wie ich einmal war. Manchmal als Überraschung. Da bin ich plötzlich jung, unreif, jugendlich begeistert, draufgängerisch. Im ersten Moment schäme ich mich dafür, aber dann bin ich glücklich, noch so sein zu können. Ich merke dabei, dass ich alles bin, was ich einmal war und mache einen Kunstgriff: Ich nehme die Energie, die in dem jugendlichen Bild von mir steckt, und mache diese Kraft für die Gegenwart wirksam. Ich habe damit das Beste beider Welten.

Das ist, was du manchmal erlebst, wenn ich so ausgelassen bin. Es ist die Energie von damals, kombiniert mit der Reife von jetzt. Ich hoffe, ich klinge nicht überheblich. Ich sage auch nicht, dass ich das immer kann, aber ich strebe es an. Wir sind wie ein Baum mit seinen Jahresringen. Wir tragen jeden Ring unserer Vergangenheit in uns und sind nicht nur die Rinde, die äußerlich zu sehen ist. Ich hebe die Zeit auf, wenn es mir gelingt zu dieser formativen Zeit, zu den Spielen und Träumen der Kinderzeit und Jugend zurückzukehren.

Dabei fällt es mir auch leichter, das Pseudowissen loszulassen, das *erwachsene Denken*. Ich muss nicht mehr den Erwachsenen spielen und vorgeben, etwas zu wissen und zu können, was ich weder weiß noch kann. Ich kann echter werden und das scheint mir anstrebenswert zu sein. Ich möchte diese Vorgänge alle noch besser leben können.

Die Eiche

Du hast mich kürzlich gefragt, wie meine Entwicklung in deinem Alter ausgesehen hat. Ich habe versucht, es dir zu beschreiben. Seitdem habe ich mir weiter Gedanken darüber gemacht und ein Bild dafür gefunden.
Eine alte Eiche produziert Tausende von Eicheln. Diese fallen im Herbst von ihren Ästen auf die Erde. Ein paar keimen, gehen auf und erscheinen im nächsten Frühjahr als kleine Bäumchen. Einer dieser kleinen Eichen steht unter der alten Eiche und wünscht sich die Größe, die ausladenden Äste, die Standfestigkeit ihrer großen Mutter und die weite Sicht in die Landschaft. Aber noch kann sie nichts davon erfüllen. Es wird viele Jahre dauern. Sie wird viele Winter durchstehen müssen, Sommer ohne Regen, Herbststürme und Maschinen werden sie gefährden, Jugendliche mit Messern werden sich in ihre Rinde eintragen. Genetisch trägt sie die ganze Zeit die große Eiche in sich, die sie einmal hofft zu sein. Sie sieht sich schon da, aber es ist noch ein weiter Weg.
Wir sind nicht anders als diese kleine Eiche. Das ganze Leben ist eine ständige Entwicklung, ein Wechsel zwischen Mut und Enttäuschung. Wer will wissen, was in einem jedem von uns geschieht? Wer will schon wissen, was innerer Fortschritt ist? Kann man Reife messen? Wir fangen alle an unterschiedlichen Stellen mit unserem Wachstum an und wir haben alle unterschiedliche Hindernisse zu überwinden.
Ich kenne bei mir einen gewissen Hochmut, der meint, ich müsse schon weiter sein als ich bin. Ich habe mich schon größer gesehen, habe über meine Krone gestaunt, über den Schatten, den ich geben kann, bis ich merke, dass die Wirklichkeit noch anders ist. Das zuzugeben, erfordert Demut.
Jetzt konzentriere ich mich auf die Entwicklung, diese

vorsichtige Entfaltung. Ich muss nichts erreichen, ich habe kein vorgegebenes Pensum, kein Jahresziel. Ich lerne, darauf zu achten, dass ich mir treu bleibe, auch in den kleinsten Schritten, in den alltäglichen Herausforderungen. So sehe ich auch dich. Auf dich passt der Begriff „Entfaltung" besonders gut. Du faltest dich auf. Du lässt in dich hineinblicken. Du teilst dein Glück und dein Erschrecken über dich. Ich danke dir dafür.
Erlaube dir eine gründliche Entwicklung. Ich weiß, dass du in deiner Ungeduld manchmal meinst, schon viel weiter sein zu müssen. Aber wir sind Bäume, die langsam wachsen. Auch das ist eine Begabung.
Ich habe in den letzten Tagen etwas getan, was ich nicht tun sollte: Ich habe dich mit anderen verglichen, bis es mir auffiel. Aber es ist etwas Gutes dabei herausgekommen: Ich habe deine Einmaligkeit gespürt, sie noch deutlicher gespürt als sonst. Mir gingen die Augen für die Gestalt deines Lebens auf und wie es sich bis zu diesem Punkt „entwickelt" hat. Momente lang konnte ich sehen, wie perfekt du bist, nicht im Sinne von fehlerfrei oder vollkommen, aber wie alles an dir stimmt und alles so sein soll, wie es ist. In diesen Momenten konnte ich sehen, dass nichts an dir auszusetzen ist. Ich hatte das Gefühl, dass ich in den Augenblicken mit den Augen Gottes sehen konnte. Was für ein Wunder gab es da zu sehen! Ich möchte nach jedem Satz ein Ausrufezeichen setzen, so überrascht war ich und so glücklich. Dein Leben war in sich abgeschlossen, so ganz rund. Es hatte nichts mit mir zu tun und doch war ich mit dir auf unbeschreibliche Weise verwandt.
Als ich dich so gesehen hatte, fiel mir auf, dass ich die, mit denen ich dich verglichen hatte, auch so sehen konnte. Für sie galt, was für dich galt. Und für mich galt es ebenso. Es war ein wunderbarer Moment der Erkenntnis und Harmonie.

Wir können Brot füreinander sein
und einander
vor dem Verhungern retten.

Der Blick ins Licht

Die „glänzenden Dinge" habe ich sie für mich genannt. Das sind die Dinge – es können auch Menschen, Gedanken, Landschaften sein –, die auf eine besondere Weise für mich glänzen und eine Welt für mich auftun: ein breiter Sandstrand bei Ebbe, den noch niemand betreten hat; der selbstvergessene Blick eines Menschen, der ganz in einem Gedanken aufgeht und dabei erfährt, wie die Welt gesundet; ein Wortbild in einem Gedicht, bei dem man weiß, dass es stimmt, jenseits aller logischen Erwägungen; das Licht auf der Landschaft in den letzten Sekunden, bevor die Sonne ganz hinter dem Horizont verschwindet, und ebenso das plötzliche Aufleuchten der Farben in der Wüste eine Stunde nach Sonnenuntergang, als habe jemand in den Steinen Licht angeknipst; die Erkenntnis eines Menschen, der nicht weiter weiß und dem aufgeht, dass es nur mit einer Entscheidung, die er noch nie in der Klarheit gefällt hat, weitergeht.

Ich habe es früh in meinem Leben gemerkt, was für eine Kraft von den glänzenden Dingen ausging. Aber es ist nicht ein Glänzen, als wären sie mit Blattgold überzogen und besonders kostbar, sondern es wirkt wie ein Glänzen von innen, etwa wie das eines Dias auf dem Leuchtkasten. Wenn man es mit dem Auge direkt an der Lupe betrachtet, wird man in das Glänzen hineingezogen. Es ist wie eine Reise in die Mitte der Welt, aus der alles kommt. Seitdem ich das Glänzen bewusst entdeckt habe, achte ich mehr darauf und stelle fest, wie es überall ist. Ich erlebe es fast jedes Mal, wenn ich ans Meer trete, besonders wenn es stürmt und das Meer das Land zu verschlingen droht. Da ist es wieder, gleich neben dem, was ich übersehen habe. Da ist es, in der Pause zwischen den Worten, die du sagst, in dem

Salatteller mit den leuchtenden Radieschen, in den uns überlieferten Gedanken von Jesus.
Manche Gedanken haben die gleiche Wirkung auf mich gehabt. Als sie aufgetaucht sind, wurde mir plötzlich bewusst, dass ich sie schon mein halbes Leben gedacht habe, aber so knapp unter der Oberfläche meines Bewusstseins, dass ich sie nicht wahrgenommen habe. Und dann stehen sie vor mir und ich ziehe sie an wie einen guten alten Pullover, der schon meine Form hat und in dem ich mich wohlfühle. Hier ist das Glänzen eine Behaglichkeit, in der ich alle viere von mir strecken kann.
Darf ich das ausweiten auf dich? Dein Wesen hat dieses Glänzen. Es kann sein, dass ich dich im Ort gesehen habe, vielleicht zusammen mit deinem Partner oder auch allein, oder wir sind uns in einer Galerie oder im Kino begegnet und ich merke, wie von dir Licht auf mich gefallen ist. Es mag dann noch verstärkt werden, wenn ich dich reden höre – vielleicht ist es nur ein einfacher Satz –, und ich merke, dass sich darin ein ganzes Leben ausdrückt. Denkst du, ich spinne ein wenig? Ich denke nicht. Ich möchte die Ausstrahlungen wahrnehmen, das Herz der Menschen und Dinge sehen. Es geht dabei nicht um eine Form der romantischen Liebe zwischen uns. Die meisten würden es nicht verstehen. Sie würden uns etwas anhängen wollen, sie würden etwas von sich hineinlegen und dabei verpassen, was ich meine. Es ist nicht so sehr ein Licht zwischen uns. Es ist eher der Blick ins Licht. Ja, das könnte es sein. Du wirst für Minuten transparent und aus dir leuchten die Möglichkeiten, die ich vergessen hatte. Du bist, was noch werden kann, und es gewinnt schon Gestalt in dir. Ich hoffe, es ist dir nicht peinlich, dass ich dir das so schreibe, aber es hat auf gewisse Weise gar nichts mit dir zu tun. Du bist, wenn ich das so mit dir erlebe, eine

Erinnerung an das Feld der unbegrenzten Möglichkeiten. Natürlich bist du es, das weiß ich, und deine Einmaligkeit macht den Unterschied. Aber ich glaube, dass es fast egal ist, welche zwei Menschen sich begegnen: Sie können dieses miteinander erleben. Wenn sie es wagen würden, sich einander mit ihrem Wesen zuzuwenden. Am Ende geht es darum, der Textur des Lebens nachzuspüren, dieses unglaubliche Sein, das sich gegen das Nichtsein erhebt und behauptet, und dann unseren Atem mit dem Atem der Welt zu verbinden.

Kleinigkeiten

Mir fiel auf, wie du dich den Kleinigkeiten zuwendest. Sie sind dir nicht zu klein. Ich sah, wie du in die Hocke gingst, um mit einem Kind auf Augenhöhe zu sprechen. Es war eine heilige Handlung. Die Bewegung enthielt so viel Zuwendung und Verstehen, dass ich tief berührt war. Ein anderes Mal schältest du eine Mandarine für jemanden und gabst sie ihm. Eure Hände berührten sich und es war, als käme ein Engel und bewegte die Luft über euch mit seinen Flügeln. Einmal versprachst du dich und merktest, dass der Versprecher das Eigentliche war, was du sagen wolltest. Du wurdest ganz still angesichts der Weisheit, die sich dadurch ausdrückte. Du rettest die Welt im Kleinen, du erfüllst, wovon andere nur reden. Und wer weiß, was am Ende das Große und das Kleine ist. Vielleicht ist eine Handbewegung soviel wie das Aufopfern des eigenen Lebens und das Verschenken des ganzen persönlichen Reichtums mag so viel wiegen wie ein einziger Augenaufschlag in Liebe. So groß können nur Kleinigkeiten sein. Wenn du so bist, dreht sich die ganze Welt um dich – und du merkst es noch nicht einmal.

Du bist eine
Erinnerung
an das Feld
der unbegrenzten
Möglichkeiten.

Du und ich

Ich habe mir in den letzten Tagen viele Gedanken über unsere Beziehung zueinander gemacht. Wer sind wir füreinander? Ich kann nur für meine Seite sprechen und das tue ich gern. Du bist mir ein sehr kostbarer Mensch, weil du in mir Dinge freisetzt, die sonst vielleicht keinen Ausdruck gefunden hätten. Ich genieße die Entspannung, mit der wir uns austauschen können, ohne dabei unsere Partnerschaften zu gefährden. Wir schließen uns nur an das Potenzial der Freundschaft an.
Ich erlebe, wie sich durch dich eine neue Welt Bahn bricht. Ein neues Bewusstsein wird erlernbar. Du bist aber nicht nur der Kanal, durch den das Neue fließt, sondern du bist auch gleichzeitig ein Teil der Botschaft, weil du die Botschaft nicht nur überbringst, sondern weil sie in deinem Fleisch und Blut Gestalt gewinnt.
Ich mag dir ein wenig voraus sein, was die Reife betrifft. Ich mag diese Vergleiche nicht, aber es wäre seltsam, wenn ich es nicht wäre, bin ich doch älter als du. Ich habe mich bemüht, diese neuen Wege zu finden und sie zu gehen, und bin glücklich über das, was ich erreicht habe, auch wenn es mir nie genug war. Aber du bist der neue Mensch, oder du wirst der neue Mensch in einer neuen Zeit. In dir verdichten sich Offenbarungen und Möglichkeiten. Du entfaltest das neue Zeitalter. Es wird eine Zeit sein, in der Freundschaft und das Entstehen von kleinen Gruppen in der Mitte unseres Miteinanders stehen werden. Noch nie hat es eine Zeit gegeben, wo der Einzelne sich selbst nicht aufgeben muss, um zu einer Gruppe zu gehören – du wirst es erleben. Du wirst dieses Verständnis in die Welt bringen und ich schätze mich sehr glücklich, dass ich jetzt mit dir schon darüber nachdenken kann. Was wir miteinander erleben, ist nicht nur für uns, sondern für die

Menschen der Zukunft, eine Zukunft, die ich vielleicht nicht mehr erleben werde. Aber du wirst diese Zukunft gestalten. Platziere dich in ihrer Mitte, mache etwas daraus.
Setze ich dich damit unter Druck? Das will ich nicht. Ich möchte dir nur sagen, wie viel Welt und wie viel Zukunft in dir steckt und dass sie in deinen Händen liegen – nicht nur in deinen, aber deine werden wichtig sein, ob verborgen oder sichtbar. Mir ist, als wäre ich meinen Weg schon gegangen und darf mich jetzt an deinem Weg freuen. Dabei verbindet mich eine Zuneigung zu dir, die zum Kostbarsten meines Lebens gehört. Aber ich stelle keinen Anspruch an dich und verbinde damit keine Erwartungen. Ich halte das Geschenk, das du bist, auf der offenen Hand.

Vergleichen

Als wir vor ein paar Tagen mit einigen anderen zusammen waren, meine ich gemerkt zu haben, dass es dir zu schaffen machte, dass ich mit anderen so rede wie mit dir. Natürlich bin ich mit jedem anders, aber du vermutest die gleiche Nähe. Das stimmt. Ich habe dich nicht gewählt, um mit dir anders zu sein als mit anderen Menschen. Ich möchte mit allen so sein, wie ich es mit dir bin. Ich bin dabei, zu lernen, wie wir eine innere Gemeinschaft sind, auch wenn ich es immer wieder vergesse und so lebe, als wäre jeder von uns allein. Ich übe die Aufmerksamkeit, die mich in Beziehung stellt. Ich übe die Sprache, die nicht mehr ausschließt, sondern alle in den Kreis des Lebens hineinnimmt. Jede Eifersucht macht uns kleiner und lässt uns vergessen, warum wir hier sind und wie wir uns begegnen können.

Ich spüre den Anflug der Eifersucht in dir und gleichzeitig spüre ich, dass du darüber hinauswillst. Dir ist nicht wohl bei dem Gefühl, weil es noch einen winzigen Anteil von Besitzenwollen enthält. Du ahnst es und willst dich dieses Teils entledigen. Es wird geschehen und du wirst lächeln.

Der Ton

Du sagst, dass du übst, weniger auf die Worte eines Menschen zu hören als auf die Welt, die hinter den Worten verborgen liegt und die eigentliche Aussage enthält. Auch ich mache mir schon lange Gedanken darüber, dass wir Worte gebrauchen um uns zu zeigen und um uns im nächsten Moment zu verstecken. Es können dabei sogar dieselben Worte sein, dasselbe Thema. Manchmal liegt alles im Ton, ob ein Wort freilegt oder verdeckt. Und darum finde ich deine Übung so wichtig und wünsche dir ein feines Empfinden für sie. Ich habe gemerkt, dass es dafür keine Regeln gibt, keine wiederkehrenden Ordnungen.
Auch ist es wichtig festzustellen, ob es nötig ist, dass sich ein Mensch versteckt oder zeigt. Sich zu verstecken, kann manchmal so wichtig sein wie sich zu zeigen – und es kann die wichtigere Aussage sein. Oft ist das, was wir verstecken, das Eigentliche, und wir wünschen, dass es jemand finden mag. Was ein Mensch fast demonstrativ nicht zeigt, ist, was er zeigen will.
Ich habe das im Gespräch mit dir ab und zu gemerkt, dass du bei manchen Themen für ein paar Augenblicke „geheimnistuerisch" wirst: Dann weiß ich, dass dir das, was du gerade verschwiegen hast, besonders nahe liegt und du es gern mit mir teilen möchtest. Das heißt nicht,

dass ich es dann aus dir hervorlocke. Ich kann warten, bis du es wirklich mit Überzeugung sagen willst, und nicht weil ich es geahnt und dich darauf angesprochen habe. Jedes Gespräch ist ein Kunstwerk, sogar das wortlose. Jedes tiefere Gespräch ist ein Versteckspiel, wobei ich das nicht abwertend meine. Jeder von uns muss beurteilen, was wem wann gesagt werden kann. Sogar ein gutes Wort zur falschen Zeit bringt Chaos mit sich. Ich achte auf dich, dann weiß ich, was ich sagen kann. Besonders froh macht mich deine Sorgfalt mit der Sprache. Wahrscheinlich ist sie das differenzierteste Instrument, was wir entwickelt haben. Schon darum, meine ich, sollten wir damit sorgfältig umgehen. Es passiert oft, dass du nach Worten suchst, weil es dir wirklich auf das Wort ankommt, das transportieren soll, was du sagen willst. Du weißt, ich wäre gern Dichter geworden, um mich den Worten und Wortbildern noch mehr widmen zu können. Das tue ich jetzt auf diese Weise. Es ist gut, dass wir uns so bei der Sorgfalt für die Sprache treffen.

Ein eingelöstes Versprechen

Unsere Freundschaft ist wie ein eingelöstes Versprechen des Himmels. Es ist möglich, zueinander zu finden. Es ist möglich, einander zu verstehen. Offenheit ist möglich. Echtheit ist erwünscht. Ich staune über die Freiheit des Geistes, die wir in unseren Gesprächen erleben, und danke dir dafür. Es übersteigt das, was ich mir vorgestellt habe. Vielleicht ist Freundschaft die tiefste Liebe. Sieh dies als einen vorläufigen Gedanken der Freude.

Das Leben
schenkt uns einander.
Nehmen wir
das Geschenk an?

Die Heilige Hochzeit

Ich habe bisher wenig über die Liebe geschrieben – vielleicht auch, weil ich nicht aus Versehen in deine Beziehung zu deinem Partner hineinsprechen möchte. Ich finde euch ein interessantes, lebendiges Paar. Bei einem unserer Gespräche habe ich gemerkt, wie schwer es dir fällt, zuzugeben und zu akzeptieren, dass dein Partner nicht der vollkommene Geliebte ist. Du hast nur ganz zart angedeutet, dass dir etwas fehlt, ohne es näher zu beschreiben. Genau das wird jeden Tag millionenfach erlebt. In der ersten Begeisterung ist es möglich, noch an eine komplette Verschmelzung zu glauben, aber schon bald zerbröckelt dieser Glaube und wir landen wieder auf der Erde. Du hast durchspüren lassen, dass du dich dafür schlecht gefühlt hast und meintest damit Schuld auf dich zu laden. Du fandest dich undankbar und wolltest deine Beziehung vor dir selbst schützen. Aber das brauchst du nicht. Diese Gefühle sind menschlich – Begeisterung und Enttäuschung gehören zu uns. Ich glaube, dass wir in unserer tiefsten Sehnsucht nach etwas Göttlichem suchen. Wir suchen die Heilige Hochzeit. Unser tiefster Wunsch ist es, uns mit Gott zu verbinden. Das ist keine bewusst ausgemalte Sehnsucht, aber es ist das tiefe Grundempfinden, welches wir nicht loswerden, solange wir wirklich lebendig bleiben und uns nicht mit weniger abfinden. Ich erinnere mich an die deutschen Romantiker, Tieck, Novalis, Wackenroder und andere Dichter, die im Tod den Neubeginn oder die Weiterführung des eigentlichen Lebens sahen, das durch dieses Leben unterbrochen worden war. Sie freuten sich auf die Rückkehr in die kosmische Harmonie, weil das unsere eigentliche Heimat ist. So sahen sie es.

Wenn wir um diesen Hintergrund wissen, können wir die Liebe zueinander, die wir so unterschiedlich und bunt erleben, in einen neuen Kontext stellen. Dann ist das, was wir an zwischenmenschlicher Liebe erleben, wie ein Vorgeschmack, wie ein Versprechen von dem, was noch kommen mag. Das, was wir zu fassen kriegen, ist nur ein Gleichnis. Wir können üben, unserer körperlichen, seelischen und geistigen Liebe immer wieder einen größeren Raum zu geben, in dem sie sich ausbreiten kann, um irgendwann dann nicht mehr in der bedrückenden Enge zu leben, sondern sich grenzenlos auszudrücken. Wir leben auf Entgrenzung zu. Darum sehe ich in unserer Sehnsucht ein ganz großes Geschenk. Es erinnert mich immer wieder neu, dass etwas in mir sich nach dem Transzendenten sehnt. So sehr ich dieses Leben liebe, ahne ich – manchmal ist es mehr als eine Ahnung –, dass ich noch eine andere Heimat habe, in der ich auf eine Weise lieben werde, die ich mir jetzt noch nicht vorstellen kann.

Während ich das schreibe, weiß ich, dass du diese Gedanken kennst – vielleicht nicht ganz so durchartikuliert, aber in deiner Sehnsucht sind sie dir vertraut. Die Sehnsucht hat sich mit deiner Neugier zusammengetan. Ich habe dich nie den Satz sagen hören: *Es muss mehr als alles geben,* aber du lebst danach. Ich habe es oft an deinen Augen gesehen, die nach einem Ausweg aus der Enge des Lebens suchten. Du konntest viel mehr denken und ahnen, als du leben konntest. Das ist, was ich meine. Du bist die beste Kandidatin für die Heilige Hochzeit. Du bist auf Gott bezogen, auch wenn du dich manchmal dagegen wehrst, weil es dir zu einfach und zu platt ist. Du magst das Wort „platt" gerne. Aber die Sache mit Gott ist nie platt, sondern sie fordert uns bis aufs Letzte heraus. Und genau das ist dein Metier, da beginnst du zu leuchten. Wenn du nicht leuchtest, dann, weil du dir zu wenig vorgenommen hast. Weil du nicht mehr das Unmögliche willst. Aber du willst es ja. Es gibt eine Ebene in uns, die will immer das Heile, das Gesunde, das Göttliche, auch wenn wir sehr uneins mit uns selbst sind. Zu dieser Ebene dürfen wir den Kontakt nicht verlieren. Sie nährt uns.

Deine Herrlichkeit

Ich mag es, dich und deinen Prozess wahrzunehmen. Ich wollte erst „beobachten“ schreiben, aber das wäre zu sehr von außen gedacht. Ich bin nicht außen, ich bin ein Teil deines Prozesses, darum passt das Wort „wahrnehmen“ viel besser. In dir begegnet mir das Leben, weil du erlaubst, dass ich dich kennenlerne.
Es gibt ein Wort von dem Kirchenvater Irenäus von Lyon aus dem zweiten Jahrhundert: „Die Herrlichkeit Gottes ist der lebende Mensch, das Leben des Menschen die Gottesschau.“ Ich hoffe, es stört dich nicht, wenn ich das auf dich anwende. In dir sehe ich die Herrlichkeit Gottes. Wir tun uns manchmal schwer, einander das zu sagen, einander unsere Gottnähe zu gestehen. Auch sind wir blind für das Wunder eines lebendigen Menschen, vielleicht aus Furcht, einander nicht zu nahe zu treten, oder weil wir meinen, demütig sein zu müssen. Wie so ganz still die Demut zu einem frommen Werk wird! Ich merke, ich will Gott sehen. Ich will nicht nur glauben, ich will sehen. Ich will ihn in dir und in mir sehen. Darum schaue ich dich gern an, andere Menschen natürlich auch. In dir sehe ich die Verwirklichung Gottes am deutlichsten, vielleicht weil ich dich so gut kenne, oder meine, dich gut zu kennen. Ich danke dir.

In dir
sehe ich
die Verwirklichung
Gottes.

Dein Vertrauen

Ich spüre, wie deine Offenheit mir und auch anderen gegenüber ein großes Vertrauen in die Welt ist. Du verstellst dich nicht. Du gewährst Einblick in dich. Gelegentlich denke ich, dass dieses Vertrauen das Allernatürlichste ist, aber das ist nicht so. Wir machen uns selbst und einander das Leben mit unserer Künstlichkeit schwer. Wir treten als jemand anderes auf und nicht als die, die wir sind. Wir setzen uns selbst so unter Druck, gewissen Bildern von uns selber gerecht zu werden. Darum genieße ich es, dass du du selbst bist. Ich ahne, dass auch für dich das nicht immer leicht war. Ich habe es mehr als einmal erlebt, dass deine Eltern, als sie noch lebten, Gewisses von dir erwartet haben und du meintest, diese Erwartungen erfüllen zu müssen. Davon musstest du dich freimachen. Desto mehr weiß ich es zu schätzen, dass du dich jetzt so vertrauensvoll zeigst. Ich habe Situationen erlebt, in denen ich überrascht war über die Freizügigkeit, mit der du anderen Einblick in das, was dich bewegt und tief berührt, gegeben hast. Du hast uns alle damit beschenkt und wieder einmal deutlich gemacht, dass es sich für dich und uns alle lohnt, echt und unverstellt zu sein. Mit dir weiß man fast immer, woran man ist. Das klingt im ersten Moment wie etwas Einfaches, ist es aber nicht. Du weißt ja, dass Offenheit und Vertrauen häufig in unserer Welt als naiv und unbedarft gesehen werden. Ich danke dir für dein Vertrauen, das du großzügig verschenkst.

Mich hat vor Jahren der Begriff „grundlegendes Vertrauen“ fasziniert. Wir denken nicht viel darüber nach, aber der Begriff enthält Sprengstoff. Wir neigen dazu zu vertrauen, wenn wir dafür einen Grund haben. Aber der Begriff deutet an, dass das Vertrauen einen

Grund legt. Die Entscheidung zu vertrauen ist also vor dem Vertrauen da. Zugespitzt gesagt: Wir legen den Grund durch unserer Vertrauen, auch da, wo es zunächst noch keinen Grund zu vertrauen gibt. Es ähnelt dem Glauben, der einen Fuß in die Luft setzt und erlebt, dass sie trägt.

Unsere Geschichten

Du hast mir erzählt, dass es an gewissen Stellen in deinem Leben nicht weitergeht. Das beschwert dich. Vielleicht bist du zu sehr deine Geschichte, deine Geschichten. Kannst du dich dem Teil deiner Vergangenheit verweigern, die Macht über deine Zukunft ausüben will? Du bist nicht deine Geschichte, sondern entscheidest von Minute zu Minute, wer du sein willst. Nichts an dir ist festgelegt. Zu begreifen, dass es keine letzte und tiefste Geschichte gibt, sondern, dass sich in jeder Geschichte in unserem Leben eine noch tiefere Geschichte auftut, ist unser Glück und unsere Chance. Wenn man das Erzählerische des Lebens liebt und nicht meint, die letzte Klarheit haben zu müssen, entkommt man dem Druck, etwas fertigzustellen, was noch nicht fertig ist. Nichts ist endgültig, wahrscheinlich der Tod am allerwenigsten. Mit ihm beginnt eine neue Geschichte, vielleicht die Geschichte aller Geschichten in unserem Leben.
Ich habe Momente bei dir erlebt, da war alles offen – da warst du ein unbeschriebenes Blatt und man konnte dir anmerken, dass du diesen Zustand mochtest. Du fühltest dich wohl – bis irgendwelche Pflichten dich wieder riefen. Oder du spürtest den stillen Zwang, ein Fazit zu ziehen. Schick die Pflichten häufiger fort. Lass sie sich

selbst dienen und halte alles offen. Sei vorsichtig mit Faziten, sie neigen zum Lügen. Lächele über deine Zwänge, die etwas von dir verlangen, das du nur mit einer gewissen Unehrlichkeit geben kannst. Ich habe gemerkt, dass du in diesem „offenen“ Zustand deinen Körper mehr bewegst, lebendiger bist, abenteuerlustiger, vielleicht sogar frecher. Es ist eine notwendige Frechheit, die gegen die alten Geschichten aufbegehrt.
Gelegentlich stelle ich mir die neuen Geschichten vor, die du noch schreiben wirst. Sie werden großartig sein. Ich prophezeie dir, dass deine Kühnheit noch wachsen wird. Sie ist jetzt schon beträchtlich, wenn ich denke, was du alles angepackt hast. Deine neuen Geschichten werden diese Kühnheit in sich tragen, aber sie werden gleichzeitig mit einer Sanftmut gepaart sein, die die Kühnheit für deine Mitmenschen erträglich machen wird.
Die neuen Geschichten werden deine Stärke sein. Ihr Skopus, ihre Weite wird das übersteigen, was du jetzt lebst. Und sie werden dich nicht überfordern, weil du unaufhörlich wächst. Dazu gäbe es noch viel zu sagen. Ich erlebe dich von Mal zu Mal einen Schritt weiter. Du verarbeitest, was du erlebst und machst daraus etwas. Ich sehe dein Leben manchmal wie einen Fluss, der unbeirrt und unaufhaltsam auf das Meer zuströmt.

Streiten

Ich versuche, weniger mit mir selbst zu streiten. Ich denke, du kennst das auch. Ich will nicht ein Haus sein, das mit sich selbst uneins ist. Daraus entsteht zurzeit ein neues Verständnis für den Begriff „Fehler“. Wenn uns etwas weiterbringt, auch wenn es ein Fehler ist, ist es dann noch ein Fehler?

Du wächst unaufhörlich.

Deine Energie

Ich erkenne in dir eine Energie, die sich nicht von Umständen begrenzen lässt. Sie geht immer wieder von dem aus, was möglich ist. Du hast erkannt, dass sich alles ausbreitet. Das ist dein Leben. Du lebst in deinem persönlichen Big Bang, deinem Urknall, aus dem alles entstand und der sich weiter ausbreitet. Das ist deine Anziehungskraft. Dir zu begegnen, ist einer Lösungsmöglichkeit zu begegnen. Du verkörperst Potenzial. Wenn ich mit dir rede, schaue ich in die Zukunft. Ich wünsche mir mehr Menschen wie dich.

Glorifiziere ich dich ein wenig? Das ist nicht mein Bestreben, aber ich freue mich an deinem Leben. Es ist wohltuend, einem Menschen zu begegnen, der sich auf das konzentriert, was möglich ist, neben den vielen Weltmeistern der Unmöglichkeit, die immer noch etwas finden, was nicht geht, und es uns allen sagen müssen. Sie konstatieren den Bankrott, das Ende – all das, was schiefläuft, und sind dabei auf ihre Weise glücklich.

Ich kenne dich inzwischen gut genug – auch einige Umstände deines Lebens – und weiß darum, dass nicht alles einfach ist, dass du gegen die Stimmen kämpfen musst, die versuchen, dich hinunterzuziehen, sowie gegen die Hoffnungslosigkeit, die auch dich umgibt. In dir konzentriert sich eine elementare Lebenskraft in Stille und Alltäglichkeit. Gerade die Alltäglichkeit gefällt mir. Du setzt deine Hoffnungskraft auf die „Kleinigkeiten", bei denen es uns gelingen muss. Energie zu haben, ist keine Theorie.

Wunderbar finde ich auch, wie du damit umgehst, wenn dir die Energie ausgeht. Du zwingst dich nicht, Energie zu haben. Du machst keine mentalen Klimmzüge, sondern siehst auch in dem, was dir fehlt, eine Chance. Du verwandelst die Situation, indem du sie annimmst.

Ich weiß nicht, ob ich dir dies schreiben kann, weil es auch in mir noch diffus ist, aber ich will es versuchen. Es ist schwer mit Worten zu fassen. Ich habe das Empfinden, dass sich in dir deine Geschichte, deine Begabungen, deine Begrenzungen, dein Potenzial und noch manch anderes zu einer Energie verdichtet, wie sie schöner nicht sein kann. Das, was du nicht kannst, und das, was du kannst, ergänzen einander. Deine Vergangenheit, die du manchmal bedauerst, ist dein Anker, deine Träume mit ihrer überbordenden Kraft ziehen dich nach vorne, deine Mühen halten dich ehrlich, dein Auge für die Not anderer macht dich sensibel. In dir kommt etwas zusammen, zu dem Gott in einer Sternstunde den Startfunken geliefert hat.
Nebenbei, bei mir kann ich es nicht so deutlich sehen.

Die Schönheit der Grenzen

Manchmal habe ich das Empfinden, dass wir durch unsere Aufmerksamkeit und durch die Zuwendung, die wir füreinander spüren und auch ausdrücken, am Rande der offiziellen Gesellschaft leben. Als würde die Gesellschaft unsere Nähe nicht tolerieren, als hätte sie sogar Angst davor – eben weil sie nicht dem entspricht, was wir alle gelernt haben. Schade. Bei aller Sehnsucht nach Nähe haben wir Menschen Angst vor ihr. Wir trauen uns selbst und einander nicht. Ich erlebe Nähe nicht als Gefahr. Du und ich, wir haben gewisse Grenzen gesteckt – ja, unsere Sorge füreinander würde uns diese Grenzen nicht übertreten lassen, weil es gefährden würde, was wir haben. Innerhalb dieser Grenzen haben wir eine unglaubliche Freiheit und beinahe endlose Möglichkeiten.

Ich will nicht mit der anderen Sicht kämpfen, wohl aber meinen Weg gehen. Ich habe das Empfinden, dass es schon spät ist auf der Weltenuhr, auf der Völkeruhr, auf der Uhr der Bewusstwerdung. Es wird Zeit, dass wir das Notwendige lernen und uns nicht beirren lassen. Ich rede hier von einer stillen Revolution, die aus der Entschiedenheit gespeist wird. Dem, der losgeht, tun sich die neuen Wege auf.

Das Kunstwerk

Zu malen, zu tanzen, zu schreiben, zu bildhauern sind Kunstformen. Man hat Materialien: Pinsel und Papier, Füße und Fußboden, einen Computer und einen Drucker, einen Meißel und Stein, und arbeitet mit Geist, Seele und Körper mit diesem Material. Aber es gibt noch eine Kunstform, die viel differenzierter und anhaltender ist als die erwähnten: das eigene Leben. Man kann das Material seines Lebens – die Zeit, die Beziehungen, das Lieben und Sprechen, das Warten und Handeln, das Glauben und Zweifeln, das Beten und Arbeiten, das Sammeln und Zerstreuen, das Singen und Lachen, das Aufbegehren und Genießen, das Tun und Lassen – so gestalten, dass es leuchtet. Über Jahre hin kann man sich den großen Linien oder den kleinsten Kleinigkeiten hingeben, man kann mit unterschiedlichen Haltungen arbeiten, man kann die Form immer wieder verändern, man kann andere Menschen einbeziehen oder im Alleingang arbeiten. Es ist die existenziellste aller Kunstformen. Sie ist für alle zu sehen, wenn wir nur auftauchen. Sie kommt direkt aus unserem Leben und führt in es zurück. Wir sind unser Kunstwerk. Eine jede und ein jeder von uns ist eine Wanderausstellung.
Ich weiß, dass du die Liebe zu dir selbst hast, um dein Leben so zu sehen – dein Leben ist ein Kunstwerk. Es

gibt viele Stellen in deinem Leben, an denen man die Durchgestaltung merkt. Es hat eine Gestalt, eine Aussage. Da ist alles bewusst gewählt. Du behandelst die Elemente deines Leben mit tiefem Respekt. Die Pinselstriche sind mal breit und kräftig, dann wieder zart und vorsichtig. Aus dem harten Stein befreist du einen Arm, Schultern, einen Kopf, ein Gesicht, auf dem dein Liebeslächeln zu sehen ist. Mit Hammer, Punzen, Meißel und Sticheln formst du das Gefäß deines Lebens. Es ist schön anzusehen und obendrein zu gebrauchen. Du bist die reinste Ziseliererin deines Lebens.
Aber dann kommen auch Momente und Haltungen, da lebst du unter dem Druck, dich beweisen zu müssen. Da forderst du Leistung und Erfolg von dir selbst, da muss deine Zeit maximal ausgelastet sein, da gibt es keine Ruhe. Da verlierst du die Reflexion und damit Kunst in deinem Leben und alles wird nur noch Arbeit. Die Leichtigkeit fehlt, das Zufällige, das Unbewusste, das uns lebendig erhält. Fordere dich nicht so heraus, dass du vor dir selbst nicht bestehen kannst. Deine Grenzen dürfen deine Grenzen sein – du musst sie nicht mit Gewalt gegen dich selbst überwinden. In dem Kraftakt der eigenen Überforderung kannst du deine Seele verletzen. Und – dein Leben ist auch ohne diesen Kraftakt schön zu betrachten. Ich glaube an dich.

Meine Empfindungen zu deinem Leben

Es hat eine besondere Bewandtnis, dass ich dir so schreiben darf, dass es dir nicht zu nah ist. Du beschenkst mich durch dein Wesen, aber du beschenkst mich auch, indem du das von mir annimmst, was ich zu geben habe – meine Empfindungen zu deinem Leben.

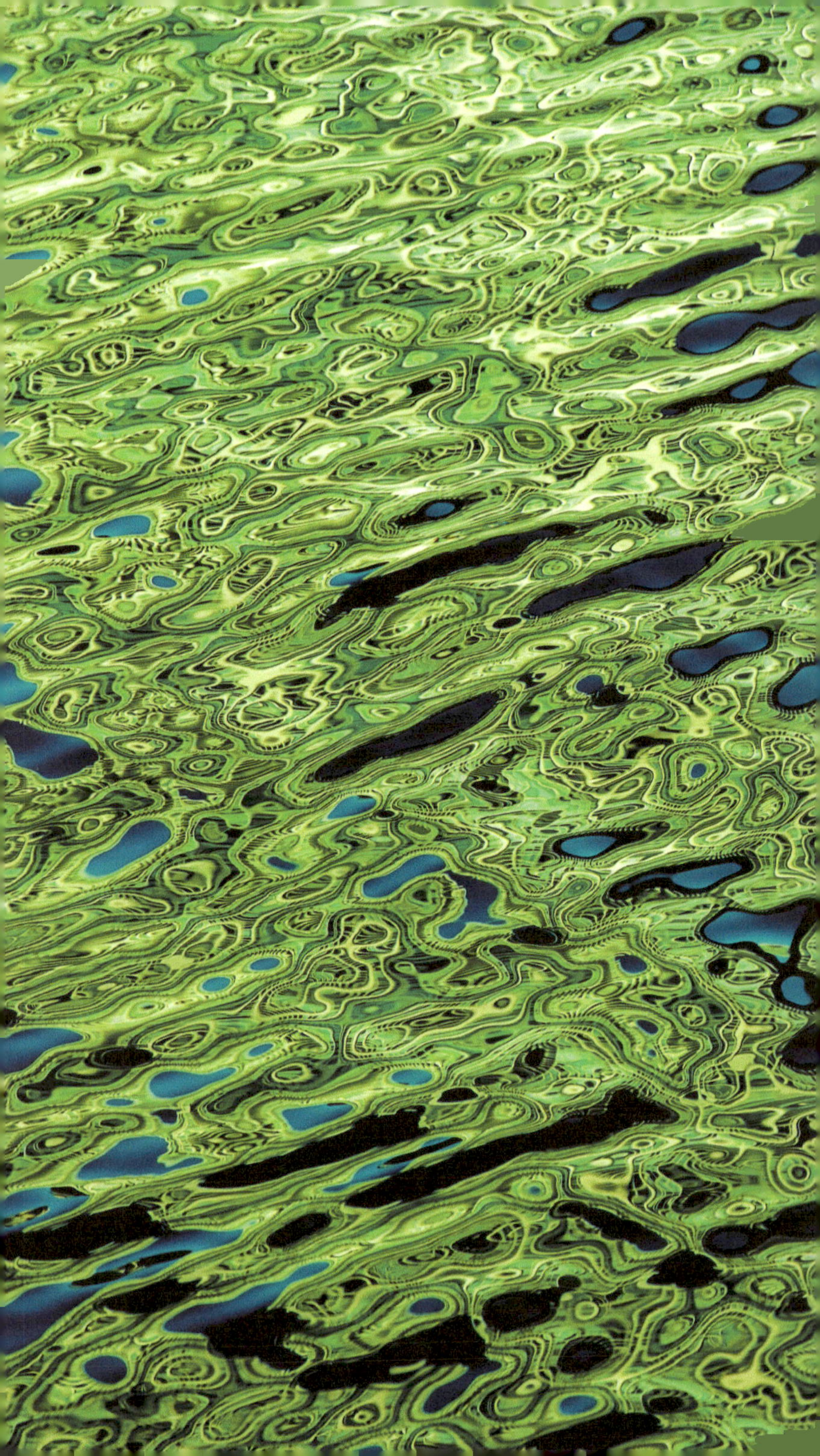

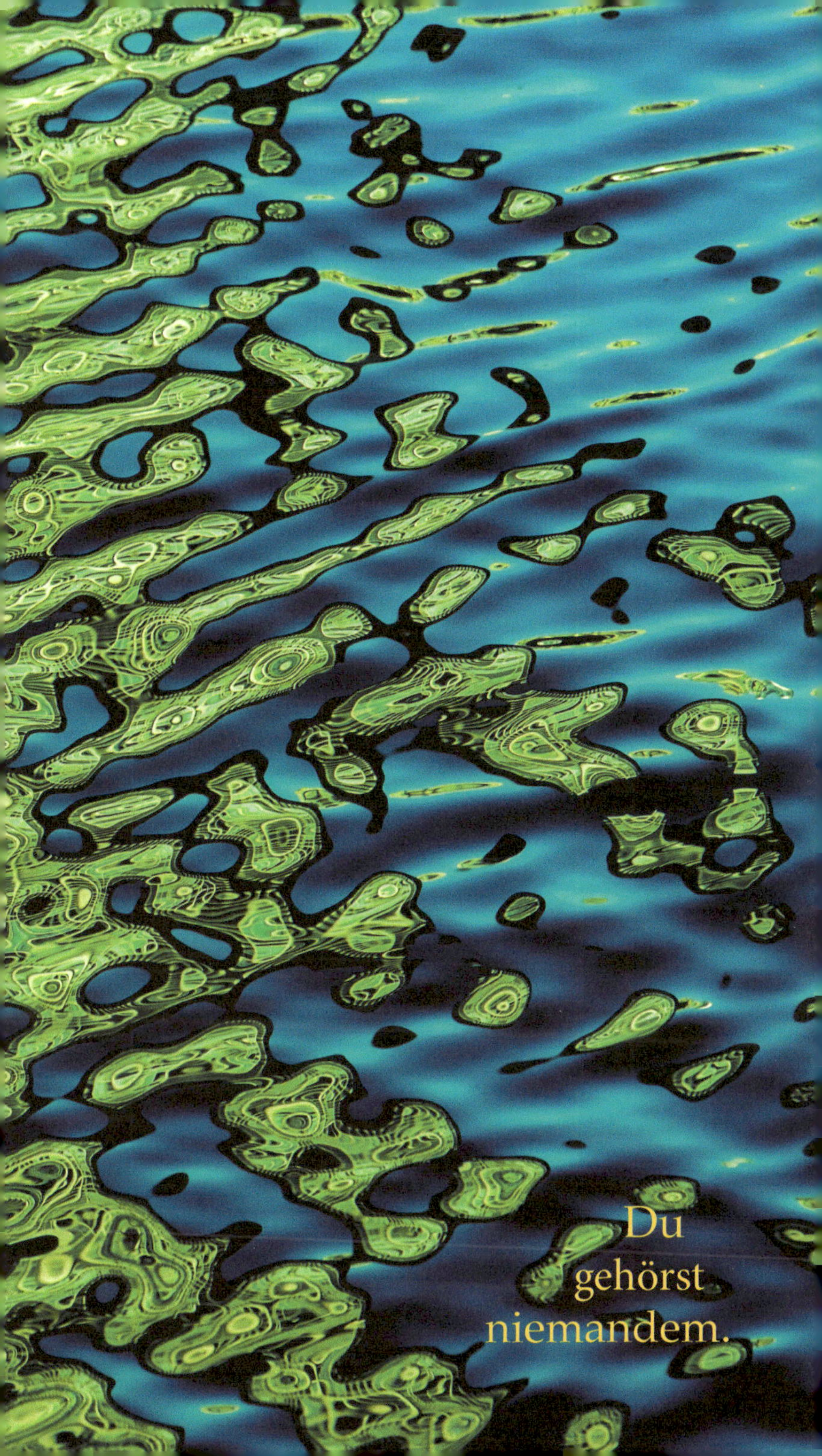
Du
gehörst
niemandem.

Du musst dich nicht erklären

Wie du dir manchmal selbst vorausspringst! Ich finde es gewagt. So zwingst du dich zu wachsen. Du bist kühn in dem, was du dir abverlangst. So legst du in einem Jahr zurück, wofür andere mehrere Jahre brauchen. Aber erwarte dafür nicht unbedingt das Verständnis anderer. Ich habe in meinem Leben manchmal meine Entwicklung von dem Verständnis anderer abhängig gemacht: Wenn sie meine Entwicklung nicht verstanden, meinte ich warten zu müssen. So konnte ich ein Opfer der Diktatur der „Schwachen" werden. Ich sage das nicht abwertend, wohl aber kritisch, weil jeder Mensch seine eigene Entwicklung bestimmen sollte. Vielleicht war ich auch noch nicht reif genug, das Unverständnis meiner Familienmitglieder oder Freunde auszuhalten.
Ich merke, wie du auf die Meinungen anderer achtest. Es spricht für dich, für dein Mitgefühl, für deinen Wunsch, gemeinsam unterwegs sein zu wollen. Aber es kann sein, dass du zu viel erwartest. Du musst es in dir abmachen – du musst dir selbst das Verständnis geben, dir selbst Begleiter sein. Das kann ein einsamer Weg sein, aber es ist der Weg zu deinem eigenen Herzen. Irgendwann wirst du an den Punkt kommen, deine Entwicklung nicht mehr erklären zu wollen. Auch das ist gut. Du stehst letztlich nur vor dir. Du schuldest niemandem eine Erklärung. Es ist deine Sache. In den Momenten ist es wichtig, stark zu sein. Das heißt nicht, aggressiv und hartherzig zu kämpfen, sondern aus einer inneren Überzeugung zu leben. Wenn wir kämpferisch werden, ist es ein Zeichen, dass wir uns schon zu weit von unserer entschiedenen Haltung entfernt haben.
In dem Zusammenhang habe ich bei dir etwas Wichtiges entdeckt: Du liebst zwar Worte und das Gespräch, aber wenn es um Überzeugungen geht, die du gerne weiter-

geben möchtest, dann scheint sich dein Inneres geradezu zu verdichten. Du versuchst niemanden zu überzeugen – du wirst nur standhafter in dir. Ich spüre dann förmlich die Energie, die aus deiner Mitte kommt. Wichtiger als deine Worte ist deine Haltung, deine Festigkeit, deine Einsicht für das, was du brauchst. Du bist nicht unflexibel, aber entschieden. Es gibt Dinge, da bist du kompromisslos, aber nicht in Worten, sondern in einer inneren Konzentration. Es gibt etwas, hinter das du nicht zurückgehst, aber du wiederholst es nicht immer wieder, sondern du lässt es spüren, du strahlst es aus. Deine Gestalt wird deutlich, dein Ziel eindeutig. Du hast ein Rendezvous mit dem Menschen, der du vorhast zu werden.

Deine Sehnsucht

Immer wieder kehren meine Gedanken zu der Sehnsucht zurück, von der du unlängst gesprochen hast. Ich spüre, wie sie dich adelt. Ich kenne keinen lebendigen Menschen, der nicht zeitweise von ihr heimgesucht wird. Sie scheint der Preis der Lebendigkeit zu sein. In ihr schafft sich das Leben einen zukünftigen Raum. In ihr wissen wir jenseits allen Zweifels, dass wir noch nicht angekommen sind und dass alles noch Prozess und Weg ist. So gesehen ist deine Sehnsucht ein Geschenk, das dir die Augen öffnet und dich reich macht.
Pflege und nähre sie. Sie kann kostbarer sein als fast alles, was du sonst besitzt. In ihr ist der Gott aller Entstehungen und Schöpfungen gegenwärtig. In ihr erinnerst du dich an deinen Ursprung. Dass du schon so lebst, wird deutlich, wenn man deinen Vorstellungen lauscht. Sie lassen sich nicht in der Enge leben.
Ich beobachte, wie du mit deiner Sehnsucht an der

Grenze lebst: Du gibst das Wünschen nicht auf, aber du machst dich damit nicht kaputt, wenn das Gewünschte nicht eintritt. Du hältst die Balance: nicht zu wenig, weil du dann einschläfst, nicht zu viel, weil du sonst zerbrichst.

Deine Pläne

Du sprachst in unserer Gruppe von deinen Plänen. Manchmal hörte ich nicht ganz aufmerksam zu – vielleicht, weil du besonders unruhig warst. Du hast so viel vor und ich finde es wunderbar, dass du beseelt bist von dem, was alles möglich ist. Und doch war mir – als du eine Pause machtest –, als wäre ich selbst außer Atem. Als ich mich in dich hineindachte, wurde mir deutlich, dass ich als du vor etwas weggelaufen war: vor dem Moment. Kann das sein?
Im Moment zu leben, ist die kühnste Form sich gegenwärtig zu machen. Da bin ich jetzt, da werde ich jetzt. Da bist du gegenwärtig, da bist du nicht die Summe deiner Geschichten und nicht deine gesammelten Pläne, sondern die gebündelte Energie deiner Gegenwart. In jedem Moment versteckt sich eine Ewigkeit. Nur im Moment werden wir wirklich zeitlos.
Ich lerne es immer neu, wenn ich dir begegne. Manchmal, weil du es praktizierst, und manchmal, gerade weil du es nicht praktizierst. Dann lerne ich von dem, was fehlt. So oder so kann ich von dir lernen.

Was wir lieben,
begleitet uns tiefer,
als was wir begreifen.

Immer wieder die Weite

Du trägst eine unermessliche Weite in dir. Deine Seele bewohnt deine Träume – nicht das, was du bereits erreicht hast. Sie lehnt sich nur manchmal an die Wirklichkeit an, aber sie ist ihr nicht unterworfen. Ich sehe dich als Manifestation einer anderen Welt auf dieser Erde. Dies ist nur deine vorläufige Heimat. Wir denken uns selbst meistens zu klein und unscheinbar. Wir haben eine falsche Art von Demut verinnerlicht und finden nicht aus ihr heraus. Ich möchte dich immer wieder an die Weite in dir erinnern. Wenn du dich klein machst, beraubst du uns – du behältst für dich, was auch uns gehört (nicht, dass ich es fordere), weil es dir nur zur Verwahrung gegeben wurde.

Ich weiß, dass du diese Weite ahnst und ihr begegnet bist, aber dann gerät sie in Vergessenheit. Ich kenne das auch. Wollen wir uns gegenseitig erinnern, dass unsere Seelen wie das Meer sind, das die ganze Erde umgibt? Es hat keinen Anfang und kein Ende. Es flutet und ebbt in einem fort. Die Ozeane fließen ineinander, schieben ihre Wassermengen um die Kontinente, tragen die stolzen Schiffe und verwandeln alles, was über sie zieht. Wir sind nicht anders als das Meer, aber es ist nicht immer sichtbar. Still und geheimnisvoll geschieht es in dir und mir.

Manchmal wenn du sprichst, spüre ich, wie du nach Worten suchst, weil du dich in diese Weite begeben willst. Dir ist es hier zu eng. Ich kenne das Gefühl auch. Wenn die Worte dir dann nicht kommen, kann man merken, wie dein Körper versucht, sich diese Weite zu erobern. Deine Gestik wird ein wenig größer, du breitest deine Arme aus, als wolltest du die Welt zu dir einladen, deine Augen versuchen die Fülle zu halten, du kehrst dich zugleich nach innen und nach außen. Du verknüpfst deine private Welt mit dem Universum.

Das ist der Moment, in dem die Erweiterung geschieht. Es benötigt nicht immer Worte. Achte auf das, was dein Körper will – und wohin er will. Er wird dich in die Weite führen, auch wenn er mit seiner Schwerkraft und Begrenzung an die Erde gebunden ist. Gelegentlich erinnert er sich besser, woher er kommt und wohin er geht, als dein Geist.

Eine Verschwörung

Während ich dieses schreibe, spüre ich, dass ich alles, was ich für dich denke, ebenso für mich denke. Was ich dir sage, sage ich mir. Ich bilde mit diesen Worten eine Solidarität mit dir – gegen das Oberflächliche und Vordergründige, in dem wir beide nicht leben wollen. Zusammen mit dir suche ich eine Art zu leben, in der die Tage und Nächte eine Gewissheit und Erfülltheit in sich tragen, die uns mit Freude in die Zukunft schauen lässt. In meinem Leben habe ich immer wieder gefunden, dass Worte von großer Wichtigkeit waren. Das richtige Wort für einen Umstand oder für ein Gefühl zu finden, ist mir manchmal wie eine Erlösung gewesen. In nur einigen Sätzen kann sich die ganze Ausweglosigkeit, in der ich stecke, auflösen und ich weiß, wie es weitergeht. Ich habe schon manchmal gedacht, dass ich ohne Worte verloren wäre, und spüre, dass es dir ähnlich gehen kann. Verstehe die Gedanken, die ich dir schicke, in diesem Sinne, und da, wo die Worte an dir vorbeigehen und dir nichts sagen, sieh es als mein Selbstgespräch in ihnen, das ich nötig habe. Ich danke dir, dass du es mir möglich machst, mich auf diese Weise zu konzentrieren, um das zu finden und dann zu formulieren, was ich brauche.

Niemand ist eine Insel.

Deine Einwände

Wenn ich an dich schreibe, höre ich ab und zu deine Einwände in mir. Du kannst dich nicht so positiv sehen, weil du dir deiner Unreife bewusst bist, sagst du. Sie drückt dich. Das kenne ich auch von mir, aber das hält mich nicht davon ab, in dir das Licht zu sehen, auf das du zugehst. Auch unsere Fehler mindern nicht das Licht, das wir in uns tragen. Uns erleuchtet nicht so sehr das, was wir geleistet haben und worauf wir stolz sind, wie das, was wir vor uns haben und auf das wir zugehen. Das hört sich wie ein billiger Spruch an und mag es auch für manche sein, aber ich glaube, dass es die Wahrheit ist, die wir aufgefordert sind zu leben. Verwandlung geht von dem aus, was wir ansehen und anstreben. Die erste Verwandlung beginnt bereits, wenn wir uns der Energie des Aufbauenden innerlich aussetzen und anvertrauen. Dein Leben illustriert das. Immer wieder schaust du an, was möglich ist. Du wirst nicht müde, dir eine heilende Welt vorzustellen – nicht eine heile Welt, du weißt, dass die Welt leidet, und genau darum schaust du auf das, was du tun kannst. Es ist keine Theorie, sondern eine Herausforderung, der du nachkommst. Wo du bist, rückt das Geahnte in Reichweite. Ich wollte dir das gerne sagen.

Fantasie

Könnte es sein, dass das spirituelle Leben nicht durch unser Denken, sondern durch unsere Fantasie zugänglich wird? Vielleicht lebt Gott im Gedicht unserer Fantasie, nicht im Sachbuch unseres Geistes. Der Gott, den wir über das Denken erreichen können, ist ein gedachter Gott. Vielleicht gibt es ja mehr.

Die Drillinge

Bei allem, was du tust, nimm wahr, dass du einen wirklichen Körper hast, einen wirklichen Geist und eine wirkliche Seele. Diese drei sprechen jeweils eine eigene Sprache, wohnen in eigenen Behausungen und suchen ihre eigenen Freundschaften. Gerade darum ist es wichtig, dass keiner der Drillinge untergeht oder unterbetont, vernachlässigt, verachtet oder schlechtgemacht wird. Wenn du etwas erzählst, achte auf deine Seele. Wenn du etwas hörst, achte auf deinen Körper. Wenn du körperlich arbeitest, achte auf deine Seele und ihre stillen Nachrichten. Wenn du betest, achte auf deinen Körper und was er dir sagt. Wenn du genießt, achte auf deinen Geist und sein vorsichtiges Bitten. Wenn du deinen Körper in der Liebe vorschickst, achte darauf, dass deine Seele nachkommt. Wenn du etwas spürst, lass es nicht von deinem Geist überstimmt werden. Wenn du deinen Glauben artikulierst, höre auf die Innigkeit zwischen den Worten und auf die Echtheit deiner Lippen. Wenn du küsst, lasse den Geist über den Wassern dabei sein. Wenn du wanderst, nimm deine Seele mit. Wenn du denkst, denke mit den fünf Sinnen – von den Fingerspitzen zu den Geschmackspapillen, mit der Nase auf der Suche nach ihrem Glück und mit den Ohren, die immer bereit sind, den Misston zu hören, der eine Welt aufreißt.

Halte die Drillinge zusammen, damit du heil bleibst. Dann darfst du mal diesem, mal jenem der drei die vorrangige Stellung geben – für einen Augenblick, eine Stunde, einen Tag. Die anderen beiden werden es verstehen und sich nicht mit ungesunden Wünschen nach Aufmerksamkeit rächen.

Und an guten, vielleicht an besonderen Tagen kannst du die Drillinge mit ihren Eigenleben vergessen und so aus einem Stück leben, dass es keine Grenzen und keine Unterscheidungen mehr gibt.

Über Worte hinaus

Ich erlebe es als ein tiefes Glück, dir so schreiben zu können. Es ist manchmal der Höhepunkt meines Tages. Einmal, weil du vor mir stehst und deine Lebendigkeit bis zu mir reicht und mich ansteckt. Und zum anderen, weil ich durch die Gedanken an dich und was ich noch mit dir teilen könnte, zu mir selbst geführt werde, zu dem Innersten und Kostbarsten in mir. Es ist darum eine doppelte Feier. Ich genieße es, dass wir so manche Worte entwickelt haben, die genau das treffen, was uns beschäftigt. Natürlich gibt es immer noch viel, für das es keine Worte gibt. Und das ist auch gut so, weil nicht alles gesprochen werden muss. Vieles darf nur gefühlt, geahnt, vermutet werden.

Ich habe neulich zu Freunden, die dich nicht kennen, von dir gesprochen. Ich habe ihnen erklärt und geschildert, wie du „über Worte hinaus" redest. Du scheinst erkannt zu haben, dass alles nur Chiffren sind. Die Worte sind nicht das, wofür sie stehen. Sie sind nur Platzhalter. Du untermauerst deine Worte mit Gesten, mit Mimik, mit der Sprache deiner Augen und stellst so alles, was du sagst, in einen Rahmen, der zusätzlich Bedeutung schafft.

Meine Freunde möchten dich gern bald kennenlernen.

Das Ungesagte, Ungetane

Auch was du nicht sagst, ist mir wichtig. Nicht wichtig, dass ich es hören muss, aber wichtig, weil es in dir lebt und dich innerlich formt. Gerade auch das Ungesagte in uns gibt uns eine innere Gestalt. Auch das Ungetane definiert uns. Das, was nach außen dringt, ist wichtig, aber es ist längst nicht alles.

In meinen
Gedanken
an dich,
finde ich
zu mir.

Du bleibst bei dir

Dir gelingt es, bei dir zu bleiben und zum anderen zu gehen – beides. Ich habe schon oft erlebt, dass du mir sehr genau zugehört hast, wenn ich dir von mir und meinen Fragen erzählt habe. Du warst ganz bei dem, was ich sagte, gingst meine Schlenker mit, begleitetest mich in die Sackgassen und dachtest dich in meine Gedankenwelten ein, wie ich es mir nicht zugewandter vorstellen konnte. Ich spürte, wie sich Muster in mir klärten, wie ich gedanklich Verlorenes wiederfand, wie mein Mut wuchs, wie sich überraschende Worte auf meiner Zunge bildeten – alles, weil du mir zuhörtest. Ich fühlte mich in deinem Zuhören aufgehoben.
Und doch bliebst du bei dir, bliebst dir treu. Du hörtest aus deiner Mitte zu. Du bliebst mir ein Gegenüber. Mir ging dabei auf, dass das eine nicht gegen das andere stehen muss. Ich vermute, dass wenn wir nicht wirklich zuhören können, wir auch nicht wirklich bei uns selbst sind – wenigstens nicht in einem aufbauenden Sinn. Es ist nicht das eine oder das andere, sondern beides oder nichts. Es liegt an der Qualität und Dichte unseres Lebens. Können wir wirklich hören, sind wir uns treu, und sind wir uns treu, können wir wirklich hören.
Du hast die Begabung des Hörens. „Begabung" ist nicht das richtige Wort, weil du es sicher immer wieder geübt hast. Aber nur mit Übung ist es nicht zu schaffen. Es muss von innen kommen, aus einer Herzenshaltung der tiefen Wertschätzung des Gegenübers.
Manchmal erlebe ich, wie du ganz bewusst etwas zurückhältst, um dein Gegenüber erst ganz ausreden zu lassen. Du wartest nicht nur auf die nächstbeste Möglichkeit, wieder selbst zu reden. Sicherlich fällt dir das nicht leicht, besonders wenn du meinst, schon zu wissen, was der andere sagen will. Aber du hältst dich zurück und wür-

digst den anderen durch dein Zuhören. Es ist eine deiner schönsten Eigenschaften, von der ich selbst schon oft profitiert habe.
Du bist in deiner Stimme. Du bist zuhause in ihr. So wie jeder von uns einmalige Fingerabdrücke hat, so haben wir auch eine einmalige Stimme. Sie ist unverwechselbar – wir sind unsere Stimme. Vielleicht ist unsere Stimme noch persönlicher als unser Aussehen, noch privater. Ich finde das so bei dir. Dein Timbre sagt oft mehr als deine Worte.
In deiner Stimme höre ich vor allem Vorsicht. Du versuchst schon in ihr Zartheit auszudrücken, gepaart mit Respekt vor dem Leben eines anderen. Deine Vorsicht macht Mut zu reden. Mit dir ist es, als sei die Welt und das eigene Leben tatsächlich in Worte zu fassen. Selbst wenn ich diese Briefe an dich schreibe, stelle ich mir vor, wie ich dich anspreche, und schon beginnt ein innerer Fluss, zu dem ich mich von dir eingeladen fühle.

Die Reise

Manchmal sind wir so gefangen von unserer äußeren Reise – die Reise durch die Zeit, durch unsere berufliche Entwicklung, die Reise durch Partnerschaft und Freundschaften, durch die Geographie unseres Lebens – dass wir ganz vergessen, dass unser Leben weitaus mehr die Reise unserer Seele und unseres Geistes ist. Ich bin der Abenteurer, der sucht, seine Seele zu weiten. Ich bin der Held, der übt, innerhalb der Zeit schon in der Ewigkeit zu leben. Und so erlebe ich dich auch. In dir sammelt sich das Wissen einer anderen Welt, die doch ganz zu dieser gehört, weil wir aus ihr stammen und in sie zurückkehren. C.G. Jung hat tiefsinnig gefragt: „Bist du auf Unendliches bezogen, oder nicht?

Das ist das Kriterium des Lebens." Dieses Unendliche ist unsere Berufung und unsere Definition. Ich stelle fest, wie diese Einstellung schon einen festen Sitz in deinem Leben hat. Du machst dich frei von den äußeren Fesseln, vogelartig hebst du manchmal ab, um dem Geheimnis nachzugehen, und erschrickst dann hinterher selbst über deinen Mut. Aber das bist du, das ist deine Enthüllung, deine Entwicklung, als wärest du eingewickelt und trügst den kostbarsten Kern, der ausgewickelt werden muss, ganz tief innen. Traue dieser Neigung in dir, auch wenn andere sie nicht verstehen oder gar belächeln. Du lebst die 360 Grade deiner Berufung. Die Welt gehört dir in allen Himmelsrichtungen. Es fehlt nur noch, sie zu einem Himmel zu machen. Und habe keine Angst, dass du zu abgehoben wirst, zu anderweltlich. Je reiner du Geist bist, desto mehr bist du mit der Erde verbunden. Spiritu-alität ist immer die Verbindung von Erde und Himmel, von Geist und Fleisch, von Zweifel und Glaube. Wo sie es nicht ist, ist sie frommes Theater.
Dazu noch ein Nachgedanke: Manchmal verdrängt unsere körperliche Reise unsere geistige, geistliche, seelische Reise. Sie drängt sich vor, sie will gehört werden, sie sucht Versorgung. Sie wünscht sich Verwöhnung. Sie sucht die äußere Lösung, weil sie vorübergehend vergessen hat, dass alles von innen gelöst werden muss. Erlaube ihr ihre Bedürfnisse, aber kehre am Ende immer wieder zu der inneren Reise zurück. Sonst gehst du dir verloren und bleibst in den Dingen verhaftet, die nicht zeitlos sind.
Jetzt habe ich dich angepredigt. Verträgst du das? Die Gedanken sind mir wichtig und ich weiß nicht, wie ich sie dir sonst weitergeben sollte. Übrigens – ich habe nicht das Empfinden, dass deine körperliche Reise die anderen Reisen verdrängt. Es war also kein Wink mit dem Zaunpfahl.

Deine Direktheit

Du hast keine Angst, die Dinge zu benennen. Du verabscheust die Unehrlichkeit, weil sie die ganze Welt durchlöchert. Bald ist nichts mehr das, was es zu sein scheint, der Boden, auf dem wir gehen, trägt nicht mehr. Das Misstrauen wächst und damit die Abkapselung. Wirkliche Begegnung hört auf.
Ich freue mich, dass ich bei dir weiß, woran ich bin. Verstellung ist dir fremd. Ich nehme dafür auch deine manchmal knappe Art in Kauf. Mit dir zu reden ist, in einen Spiegel zu schauen. Ein Spiegel, der nicht verzerrt. Ich kann dem trauen, was ich sehe und höre.
Deine Worte haben einen besonderen Reiz in ihrer Direktheit. Es ist, als habe sich die Welt gewaschen. Die Luft ist wie nach einem heftigen Regen, der alle Verschmutzung mitgenommen hat.
Ich rede hier über deinen Mut. Ich habe wohl gemerkt, dass er dir nicht in den Schoß fällt: Du musst etwas dafür einsetzen, wir ähneln uns da. Und du setzt etwas ein. Du entscheidest, der Angst nicht nachzugeben. Du siehst sie an, bietest ihr aber dann ab einem gewissen Punkt Einhalt.

Freiheit wahren

Lasse dich nicht in eine Uniform pressen. Deine Seele ist nicht uniformierbar. Sie ist zur Freiheit geboren. Mit dir ist es mir möglich, an meiner eigenen Freiheit festzuhalten, ohne dich dabei zu verlieren. Das ist ein großes Geschenk, was man nicht oft findet. So helfen wir einander, unser Leben einmalig zu gestalten.

Du bist ein Strom

Je länger ein Fluss unterwegs ist, desto breiter wird er, bis er endlich als gewaltiger Strom ins Meer fließt. Bei manchen Flüssen kann man am Ende nicht mehr von Ufer zu Ufer sehen. Die Mündung ist selbst schon fast das Meer.

Diese Breite ist nicht Formlosigkeit, wie man meinen könnte, wenn man an die früheren Stadien des Flusses denkt, sondern Ausdruck der Entgrenzung. Der Betrachter möchte den Fluss wieder in seine Grenzen verweisen. Die Unendlichkeit eines Menschen, diese innere seelische Landschaft der Weite, wird leicht den Vorwurf der Formlosigkeit von denen ernten, die sich innerhalb von bekannten Ordnungen und Gesetzen am wohlsten fühlen. Ihr Hang ist es, den Fluss mit Deichen in seinen Ufern zu halten: überschaubar, eingedämmt, überbrückbar, sodass er keine Gefahr ist für den, der in ihm schwimmt oder der ihn überqueren will. Man erwartet, dass der Strom sich fügen wird. Aber jeder anwachsende Fluss ist nicht aufzuhalten. Er sucht den Weg ins Meer. Er mag kurzfristig einen See bilden und darin gefangen sein, aber irgendwann fließt auch dieser See über und die Reise geht weiter. Wir fließen in das, was formlos aussieht, aber doch unsere Bestimmung ist. Ein Gebirgsbach beginnt klein, umfließt Felsen, fällt in kleinen Wasserfällen, ist aber nicht aufzuhalten. Es ist, als trüge er schon die Weite in sich, die er irgendwann erreichen wird – als wüssten die einzelnen Wassertropfen schon von der Größe des Meeres. Schwerkraft dient ihm dabei. Es zieht ihn nach unten, nach vorwärts. So sind wir.

Es gibt Tage, da kann ich dich (und mich auch) als großen Strom sehen. Da erlebe ich zwar jetzt, aber gleichzeitig spüre ich deine Herkunft: Da bist du ein Element, eine Naturkraft, manchmal eine Naturgewalt. Du breitest dich aus, du eroberst die Welt, deine Tiefe ist unergründlich. Da wird mir deine Energie deutlich, die selbst ein Lebensfluss ist. Kraftvoll zieht dich deine Zukunft an – die Mündung, die sich ins Meer ergießt. Wenn andere dich klein denken, dann gebe ihnen nicht recht, aber kämpfe nicht mit ihnen. Fließe weiter. Wenn sie deine Größe nicht erkennen, dann musst du sie ihnen nicht vorstellen. Ruhe in dir, in dem Wissen, dass du eine uferlose Seele bist. Erinnere dich an deine Kraft, an deine Größe. Großartig bist du anzusehen.

Bedeutung

Ich merke, wie die Wahl deiner Freunde und die Art eures Zusammenseins bei dir mehr und mehr in den Vordergrund rückt. Zuweilen habe ich dein Aufbegehren gespürt, wenn man dich festhalten wollte. Die Alltäglichkeit wollte dich alltäglich machen. Kann es sein, dass du noch entschiedener bist, wenn du weißt, was du willst? Dass du mehr und mehr an deinem Kern arbeitest?
Schließe dich dem an und umgebe dich mit dem, was Bedeutung hat – damit meine ich nicht Ruhm, sondern Bedeutung. Die beiden sind oft miteinander verfeindet. Was gerühmt wird, hat oft wenig Bedeutung. Hebe dein Leben aus der Bedeutungslosigkeit, in das die Wiederholungen es gestoßen haben. In deiner tiefsten Bestimmung schaffst du neu und wiederholst nicht, du folgst nicht nach, sondern gehst voran und wagst das Abenteuer. Bedeutung zieht Bedeutung nach sich, Bedeutungslosigkeit macht auch das Bedeutende in kurzer Zeit bedeutungslos. Das ist die Zerstörung durch Assoziation. Wie viele Menschen sind schon in einem grauen Einheitsbrei untergegangen, weil sie die Macht dieser Assoziation unterschätzt haben.

Ruhe in dir,
in dem Wissen,
dass du eine
uferlose Seele bist.

Stille

Früher bin ich manchmal in die Stille geflohen, weil ich mit dem Lärm nicht zurechtkam. Heute ist es keine Flucht mehr, sondern ein Bedürfnis, das eng mit meinem Menschsein verbunden ist. In der Stille erneuere ich mich. Wenn sie auf längere Zeit fehlt, werde ich leer. Inzwischen weiß ich allerdings auch, dass ich es bin, der in mir den größten Lärm für mich erzeugt.
Du weißt es sicherlich nicht, aber ich habe da fast nebenbei etwas von dir gelernt. Es ist mir mit dir mehrmals so ergangen, dass ich meinte, du habest gesprochen. Dann merkte ich plötzlich – es überfiel mich regelrecht –, dass es deine Stille war, die mit mir gesprochen hat. So beredt war sie. Die Stille ist eine Sprache. Ich danke dir, dass du sie sprichst. Durch dein Schweigen ist mir auch einige Male die Leere meiner Worte aufgegangen. Erst bin ich erschrocken, weil ich mich so nicht gesehen habe, aber dann wusste, dass ich dich gebraucht habe. Es war gut. Es war nötig. Ich habe gemerkt, dass die Worte mit mir weggelaufen waren.
Ich danke dir, dass du Stille erlaubst, sogar förderst. Wenn ich mit dir rede, fällt es mir leicht, zu schweigen: ein seltsamer Widerspruch. Auf eine wunderbare Weise erinnere ich mich dadurch an das, was ich sagen wollte – und nicht nur an die Worte, sondern an den Geist, der mich bewegt hat zu sprechen. Wenn ich mit dir bin, gehe ich mir im Reden nicht verloren. Es ist kein Wettbewerb, wer schneller denken und darum auch schneller reden kann. Eine geheimnisvolle Hand, der du dich anheimstellst, damit sie dich leite, führt unsere Äußerungen. Es ist, als wenn du die Sekunden und Minuten ausdehnst, damit man in ihnen mehr Platz hat, um die Worte richtig zu wählen. Du schaffst Raum zwischen dem erkannten Gedanken und den formulierten

Worten. Ich nenne es für mich den Sprachraum – den Raum, in dem die Gedanken die Worte anprobieren können. Wenn die Worte passen und sitzen, dann wagen sich die Gedanken unter die Menschen. Die Worte, die von Stille umgeben sind, haben mehr Gewicht. Ich danke dir, dass du den Inhalt dieser Aussage lebst.
Ich ahne die nächste Stufe: die Stille überall zu erleben, auch inmitten der Geräusche und des Lärms der Welt. Da wird Stille eine Haltung der Ehrfurcht, die mehr ist als die Abwesenheit von Worten. Diese Stille ist wie ein großer Webstuhl, auf der eine Decke gewebt wird, die alles mit allen verbindet, über alle Worte hinaus. Die Decke hält alles warm und in ihrer Stille wird die Welt eins.

Begegnung mit dem Schweren

Mir scheint es, als wenn immer mehr Menschen versuchen, das Schwierige in ihrem Leben auszublenden. Sie werden mit etwas nicht fertig, haben Angst vor der Tiefe, die in dem Problem verborgen sein könnte, und verdrängen oder belächeln es. Sie erkennen nicht an, dass es gelöst werden muss und dass die Lösung ihnen eine Art Freiheit nach vorne geben würde. Dabei löschen sie jedes Mal etwas in sich aus. In ihnen ist zwar ein Bedürfnis nach Aufklärung, nach Durchblick und Transparenz, aber sie schütten dieses Bedürfnis zu. Damit vergraben sie sich selbst. Machen sie es oft genug, werden sie zu lebendig Begrabenen, die nicht mehr die zarten Regungen in sich spüren, nicht mehr ihre eigene Entfaltung erleben und in einer ständigen Angst leben, dass sie etwas Dunkles überraschen könnte.
Ich staune, wie du mit der Schwere in deinem Leben umgehst. Du erkennst sie an, du nimmst sie wahr, du

erlaubst ihr, dich zu berühren und dich auch in den Abgrund schauen zu lassen. Ich höre dich sprechen, auch wenn sich Unsicherheit in deiner Stimme ausdrückt, ich spüre, wie nahe du den Tränen bei dem bist, was unausweichlich mit jeder wachsenden Erkenntnis kommt. Das sind die Wege des Reifens.
Du hast ein tiefes Vertrauen zu deiner eigenen Fähigkeit etwas auszuhalten und wagst darum den Schritt in die direkte Begegnung mit dem, was auf dich zukommt. Ich vermute, dass es nicht immer so war, sondern dass du es über Jahre hin geübt hast. Darum ist die Offenheit kein Schreckgespenst für dich und die Tiefe ist deine Freundin. (Ich habe oft überlegt, warum Tiefe weiblich ist.)
Und dann kommt die Zeit, da hältst du die Hand vor die Ausbreitung der Schwere und blockierst sie. Ich weiß, dass es dir nicht immer gelingt, bewundere aber, wie oft du es versuchst. So kannst du einerseits von der Schwere lernen, dich aber andererseits nicht von ihr bestimmen lassen. Viele machen nur das eine: Sie widmen sich der Schwere und werden von ihr verschlungen. Und die anderen laufen pfeifend durch den dunklen Wald und tun so, als gäbe es Schwere, Angst und Leid nicht. Es ist die Kombination, die wir leben müssen – die du lebst. Wunderbar. Du gibst nicht nur deinem Naturell nach – ich denke, deine natürliche Neigung wäre, die Schwere zu ernst zu nehmen –, sondern erhebst dich über das Schwere, nachdem du es ernst genommen und von ihm gelernt hast. Schon das allein an dir ist es wert, dass Menschen dich kennenlernen.
Ich kann dich lächeln sehen, während du sagst: „Ich bin so wie alle."

Das Mysterium

Seit Langem verfolge ich etwas ganz still und mit Staunen. Mysterium ist ein großes Wort, das ich wie eine Chiffre gebrauche. Ich erlaube dem Mysterium, sich in meinem Leben auszubreiten.

Wenn ich dein Leben betrachte, zumindest das, was ich davon kenne, dann fällt mir auf, wie du überall an das Mysterium stößt. Es ist in deiner Ehe gegenwärtig, in deiner Kindererziehung, in deinem Beruf und ganz besonders in der Art, wie du deinen Glauben lebst. Ich sehe, wie du versuchst, das Mysterium zu erklären, es mit dem Kopf zu verstehen, es zu systematisieren, aber es gelingt dir nicht. Es bleibt immer noch ein Rest übrig, der sich nicht einordnen lässt. Manchmal bist du frustriert – ich höre es in deinen Worten –, aber von Jahr zu Jahr scheinst du dich damit mehr abzufinden. Ich spüre, dass es nicht ein Aufgeben ist, sondern das besondere Anerkennen des großen Geheimnisses. Ich merke, wie du irgendwann an einen Punkt kommen wirst, da wird es dir eine Freude sein, all das Unverständliche zu feiern und es ruhen zu lassen, weil es so „richtig" ist. Ich erkenne in dir eine Tiefe und eine so große Sehnsucht, die nicht zu stillen sein wird. Das bist du! Das ist deine Schönheit, auch wenn du dir jetzt eine andere Schönheit wünschst. Deine Zukunft ist das Mysterium.

Seit einem Jahr habe ich einen kleinen Spruch in meinem Zimmer hängen. Er heißt ganz einfach: „Alles ist mehr." Immer wenn ich meine, ich hätte etwas verstanden, könnte etwas umfassend beschreiben oder würde einen Menschen richtig gut kennen, fällt mein Blick auf den Spruch. Dann öffnet sich die Welt wieder zum Mysterium hin und ich weiß, dass ich im besten Fall nur zu einer Annäherung fähig bin. Ich berühre das

eine Achtel des Eisberges, die anderen sieben Achtel bleiben mir verborgen. Und es ist gut so.
Ich habe dich die Augen schließen sehen. Du wolltest diese Welt zwingen, dich an die andere Welt freizugeben. Ich habe mir den stillen, kurzen Kampf hinter deinen Schläfen und in deinem Herzen vorgestellt – und dann warst du da, in dieser wabernden Wirklichkeit, die wir nur immer kurz zu fassen kriegen. Als du deine Augen wieder aufmachtest – du warst nur ein paar Sekunden fort gewesen –, da kamst du mit jener anderen Wirklichkeit wieder. „Was hier nicht ist, ist", sagtest du dann und ließt mich mit dem Rätsel allein.

Die neue Zeit

Du hast neulich die Frage in den Raum gestellt, wohin wir in unserer Zeit gehen, und niemand wusste so recht darauf zu antworten. Ich habe das Empfinden, dass wir in eine Zeit gehen, in der es einerseits dunkler werden wird, aber andererseits die Menschen hervortreten werden, die aus einer anderen Quelle leben. Was diese Quelle ist, will ich nicht begrenzend sagen. Ich glaube, es wird eine spannende Kombination von Leben aus einer anderen Wirklichkeit sein – von einer neuen, innigeren Nähe zur Welt, in der jedes Ding eine neue Wertigkeit erfährt. Es wird ein neuer Ernst sein, mit dem sich heiter leben lässt, also kein tierischer Ernst, der herunterzieht und lebensunfähig macht. Und am wichtigsten wird es sein, dass sich dieser Ernst manifestieren wird – er wird sich nicht demonstrieren, nicht mit sich selbst angeben, sondern er wird durch seine stille Anwesenheit wirken.
Ich sehe in dir diesen Menschen der Zukunft. Ich würde auch gern noch so leben und dieses Leben ler-

nen, aber vielleicht werde ich es in der Zeit, die mir noch bleibt, nicht zu der Meisterschaft bringen, zu der du vielleicht fähig sein wirst. Lass dich jetzt nicht von dem unter Druck setzen, was ich schreibe. Es ist ein Ausdruck des Vertrauens. Ich traue dir zu, dass du so leben wirst. Du gehst schon auf diesem Weg, auch wenn du selbst daran zweifelst.

Ich habe das Empfinden, dass sich etwas in dir auftut – als tätest du einen Schritt in eine Vollendung, die nur für dich gilt. Du wirst nicht perfekt werden, nicht langweilig vollkommen, aber etwas in dir wird sich zueinander fügen, dass dich ein wesentliches Stück weiterführt. Erstaunlich ist die Stetigkeit, mit der du weiterwächst – auch wenn du gelegentlich nichts von deinem Wachstum siehst. Du reifst weiter. Ich finde es wichtig, dir das zu sagen – sozusagen gegen deine Selbstkritik.

Hast du gemerkt, dass sich vor dir ein Weg auftut, mehr als ein Weg – eine ganze Welt? Manchmal meine ich schon, sie zu sehen, aber es steht mir nicht zu, sie für dich zu zeichnen – es muss deine Entdeckung bleiben. Ich kann nur sagen, dass die Welt dich mitreißen wird, sie ist größer als du, aber auf eine seltsame Weise von dir abhängig – du musst sie ins Leben rufen. Sie bedarf deiner Energie und hast du diese investiert, wird sie damit nach vorne stürmen, dich mitnehmen und unhaltbar sein. Es ist eine heilige Energie, aufgehoben für den Menschen, der nur eines will. Nur das Eine, für das es viele Worte und Namen gibt, aber es ist immer das Eine. Du lebst am Rande zu diesem Einen – es wird sich dir öffnen und du wirst mehr als staunen.

Dein Ernst

Der Ernst, mit dem du dein Leben angehst, hebt mich hoch. Unlängst hast du dir mehr Leichtigkeit gewünscht. Sicherlich nicht, weil die Leichtigkeit und das Coolsein jetzt in unserer Welt so wichtig sind. Aber lass dich nicht von der Leichtherzigkeit verführen, die an dem Leben vorbeigeht und in der oft eine tiefe Trauer lebt, ja, in der sogar ein Abgrund droht. Mit dem echten Reifen verwandelt sich der Ernst in Leichtigkeit. Die Leichtigkeit verwandelt sich selten in Ernst.
Auch die Kleinigkeiten deines Lebens bekommen ihr gebührendes Gewicht, weil sie an das große Unternehmen deiner Entfaltung angeschlossen sind. Echter Ernst ist etwas Edles. Er adelt uns. Ich fühle mich auf besondere Weise lebendig, wenn ich deinem Ernst begegne. Es ist eine Art von heiliger Sachlichkeit, in der alles den Wert und die Tiefe haben darf, die es hat. Du machst nichts leichter oder schwerer, als es ist. Nichts wird belächelt, nichts kleiner gemacht, nichts idolisiert. Ich brauche nicht nach versteckten Motiven und einer geheimen Agenda zu schauen. Du sagst, wie es für dich ist. Das befreit mich, ebenso zu sein. Transparent begegnen wir einander. Ich danke dir wieder einmal.

Fehler

Ich höre deine Einwände, dass ich dich zu positiv sehe und nicht auf deine Fehler achte. Ich glaube, ich weiß, was du als deine Fehler siehst. Sie gehören auf eine unzertrennliche Weise zu dir. Wenn es uns doch gelänge, nicht mehr primär auf Fehler und Schuld zu schauen, sondern auf Wachstum und Reife! Wir würden die Großartigkeit ineinander sehen und gerade so unsere „Fehler“ überwinden.

Echter Ernst ist
etwas Edles.

Du, das spirituelle Wesen

Den Satz, dass wir spirituelle Wesen sind, die sich eines Körpers bedienen, und nicht Körper, in denen ein Geist gefangen steckt, hast du sicherlich schon gehört.
Wenn ich dich betrachte, dann habe ich das Empfinden, dass diese Beschreibung wunderbar auf dich passt. Es fällt mir nicht schwer, deinen Geist zu spüren und die Auswirkungen deiner Seele zu sehen. Zweifele nicht daran. Auf dieser Ebene möchte ich mit dir und mit allen Menschen leben. Das Wesen unserer Beziehungen würde einen anderen Charakter bekommen. Wir würden weniger auf das Äußere fixiert sein und an unseren Begrenzungen vorbeisehen können, weil der Geist keine Grenzen kennt. Ich will mich selbst immer wieder daran erinnern.
Ich habe gemerkt, wie wichtig diese veränderte Blickrichtung ist. Fast über Nacht bekommt alles eine andere Gewichtung. Die innere Welt tut sich auf. Das, was noch gerade bedeutsam war, verliert seine wichtige Stellung. Ich setze meine Zeit für etwas anderes ein, ich falle nicht mehr so leicht auf den Schein herein, ich erkenne die Menschen schneller, die mit mir auf dieser einmaligen Reise unterwegs sind.
Wir können nicht von uns verlangen, es immer so zu sehen und ganz in der Gegenwart dieser Einsicht zu leben, aber ich möchte zu ihr zurückkehren, wie zu einer inneren Heimat, in der ich das Recht habe, zu leben. So werden wir fliegen können.
Ich habe dich oft erlebt, wie du aus den Ereignissen deines Lebens, aus den Worten, die dir begegnen, aus den Dingen, die dein Leben ausmachen „Geist machst“.
Es ist schwer zu beschreiben, aber ich möchte es versuchen. Kennst du das Lied „Strange Boat“ von den Waterboys? Es ist eins meiner liebsten Lieder. Es wird

beschrieben, wie „strange“ die Lebensreise ist, wie seltsam. Und dann kommt die Formulierung „We´re turning flesh and body/ into soul“. Diese Verwandlung von Fleisch und Körper in Seele meine ich. Ich glaube, Seele und Geist bedeuten hier dasselbe. Es ist ein Durchdringen der äußere Hülle. Bei dir merke ich, wie du am Rande zu etwas lebst, wartest und hoffst. Es ist die Hoffnung, dass sich das Leben dir offenbart, dass es durchsichtig wird, dass du erkennst und erkannt wirst. Ich kann es bei dir sehen, weil ich es auch in mir kenne – dieses stete Wünschen, dass die Geheimnisse erfahrbar werden und wir unsere Blindheit verlieren. Ich habe dich manchmal lächeln gesehen – als wäre dir etwas aufgegangen, eine Erkenntnis aufgeleuchtet. Da bewegst du dich durch das Haus des Geistes.

Du bist unterwegs

Bezaubernd ist es, wie du unterwegs bleibst. In deinem Leben ist nichts abgeschlossen, du entstehst unaufhörlich. Ich weiß, wie anstrengend das ist, übe ich selbst das doch schon seit Jahren. Erst dachte ich, es wäre bei dir etwas Gemachtes, eine Unschlüssigkeit oder gar eine Masche, mit der du das Leben spannend erhältst. Inzwischen habe ich gemerkt, dass deine Neugier und dein Unterwegssein sich an der Fragwürdigkeit der Welt entzünden. In ihrer Entfaltung ist die Welt jeden Tag eine andere. An großen Ereignissen, wie Krieg, wie der Erwärmung der Atmosphäre, der wirtschaftlichen Globalisierung oder dem Erfinden der sozialen Netzwerke merken wir das. Aber auch in der Entfaltung der Welt, die uns näher ist – im Bereich unseres Freundes- und Bekanntenkreises gibt es eine Entfaltung, die uns

betrifft. Du reagierst mit deinem Leben darauf und so verändern sich deine Ansichten, deine Gewichtungen und Wertungen, und manchmal sogar deine Haltungen. Auch scheint dein eigenes Leben immer wieder eine Frage zu sein, weil es sich entfaltet. Du bist nicht bereit, immer dasselbe zu glauben und zu leben. Manches verschiebt sich, sowie etwas Neues in deinem Leben dazukomm. Das alles zusammengenommen lässt dich unterwegs bleiben. Es ist die einzige passende Reaktion auf die Veränderungen.
So fügst du all deinen Erkenntnissen eine lebendige Vorläufigkeit bei. Du hast einmal kurz von der „Erkenntnis des Moments“ gesprochen. Wie wahr! Alle Erkenntnis ist die des Moments, während allgemein geglaubt wird, man müsse Endgültiges produzieren. Damit bist du für Überraschungen gut. Wenn wir ehrlich und integer leben wollen, können wir nicht dieselben bleiben, wenn sich alles um uns verändert.
Schön finde ich auch, dass du, obwohl du unterwegs bist, es aus einer inneren Ruhe heraus bist. Du unterscheidest zwischen Unterwegssein und Unruhe. Dadurch ist manches in deinem Leben unvorhersagbar, aber du selbst bleibst zuverlässig. Deine Integrität liegt in deiner Person, nicht darin, dass du immer dasselbe tust und denkst. Es ist leicht, die eigene Unzuverlässigkeit und Flüchtigkeit mit dem Prozess, in dem man steht, zu entschuldigen.
Das ist für mich Inbegriff des Menschseins. Du bist ganz Mensch, du verkörperst das Glück und die Schmerzen, die unumgänglich sind, wenn wir lebendig sind. Ich gratuliere dir zu deinem Leben.

Das Wunder

Je älter ich werde, desto mehr spüre ich, dass ich eine Art angeborener Weisheit in mir trage. Sie ist so zart, vorsichtig und zurückhaltend, dass sie meistens keine Chance gegen meine Bewusstheit hat, oder gegen meinen Willen mit seinem Besserwissen, und darum die ersten Jahrzehnte meines Leben nur selten zu Wort gekommen ist. Ich erkenne sie jetzt eher und lasse sie zu Wort kommen. Sie überrascht mich mit ihrer Einsicht und ihrer Zurückhaltung.

Ich erwähne das, weil ich spüre, dass diese Weisheit bei dir noch näher an der Oberfläche lebt und sich häufiger zeigt, auch wenn du jünger bist als ich. Sie ist bei dir manchmal so direkt, dass sie mir wie ein Wunder erscheint – dabei ist sie nur einfach deine innere Präsenz nach außen gekehrt. Wenn du sie würdigst, wird sie nicht nur ein Einfall des Augenblicks sein, sondern etwas sehr Kostbares werden. Ich möchte dich ermutigen, dieser Weisheit zu trauen und in eine Beziehung mit ihr zu treten, dass sie dich leiten kann. Ich habe das Empfinden, dass du im Moment schon an eine Lebensweisheit angeschlossen bist, die größer ist als du und als jeder Einzelne von uns. Vielleicht geht es da um eine Art Lebensformel, die der Schlüssel für vieles ist.

Menschsein

Ich habe sehr viel über das Leben gelernt, indem ich mir Gedanken über dich gemacht habe. Ich habe ein klareres Bild vom Menschsein gewonnen. Du warst Anschauungsunterricht. Ich habe es gewagt, dich kennenzulernen, ohne Angst vor Nähe: Und da, wo ich Angst hatte, habe ich sie überwunden, weil ich dich kennenlernen wollte.

Deine Sicherheit
hat Platz gemacht
für eine himmlische
Unkalkulierbarkeit.

Der Tanz

Rückblickend sehe ich, dass es Begegnungen und Gespräche gab, in denen du gedanklich deine Sicherheit verlassen hast. Du brauchtest nicht mehr Beweise, nicht mehr die letzte Absicherung. Du hast dich weit aus dem Fenster gehängt. Es war ein Ausdruck deiner Reife. Der reife Mensch kann es sich erlauben, alles auf der offenen Hand zu tragen, weiß er doch, dass er von etwas Größerem als seiner Denkfähigkeit gehalten ist.
Es ist ein Tanz zwischen Festhalten und Loslassen, den du wunderbar tanzt. Du bist nicht haltlos, nicht konzeptlos, planlos und glaubenslos, aber trotzdem hältst du nichts fest. In Souveränität lässt du Gegensätze stehen. Du bist hineingewachsen in das Glück Gottes, auch da, wo es keine religiöse Gestalt hat.
Selbst wenn es Einbrüche gibt, Momente der Schwäche, in denen es dir nicht gelingt zu leben, was du so fest glaubst, verändert das nicht, was bereits gewachsen ist und was du ausstrahlst. Die Ringe, in denen du gewachsen bist wie ein Baum, gehören zu dir. Du bist sie.

Nähe

Woher kommt unsere Angst vor Nähe und gleichzeitig unsere tiefe Sehnsucht nach genau dieser Nähe? Haben wir den Begriff „Nähe“ mit einer gewissen Füllung versehen, die wir nun leben müssen? Haben wir für jede Kombination von Menschen eine gewisse Nähe festgelegt und erlaubt, an die wir uns nun halten müssen? Und haben wir darum Angst, eine Nähe mit der anderen zu verwechseln, und lassen darum Nähe überhaupt nicht mehr zu und akzeptieren, dass wir vereinsamen?

Die Geheimnisse

Vor ein paar Tagen hast du dir darüber Gedanken gemacht, wie wohl die Teile deines Lebens zusammen passen. Wir leben hier und da, tun dieses und jenes, erfüllen Erwartungen, folgen Pflichten. Am Ende eines Monats, eines Jahres, kommen eine Unmenge von Handlungen zusammen, die alle zu einem Leben gehören. Die Kunst ist es dann, das Muster zu erkennen – die Wiederholungen, die Aussparungen, die Betonungen und die Verneinungen. Gelegentlich, wenn ich meine, zu erkennen, was mein Leben ist, was es aussagt und was sein Segen sein könnte, dann entzieht es sich mir wieder. Zu viele Gegensätze sind zu sehen und ich muss es aus einer größeren Höhe betrachten.
Manchmal fällt es mir dann leichter, das Muster deines Lebens zu erkennen, auch wenn du es manchmal nicht sehen kannst. Ich glaube, es gibt Dinge, die andere besser bei uns erkennen, als wir es selbst können.
Bei dir sehe ich, dass auch das, was aus dem Rahmen zu fallen scheint, genau zu dir passt, weil du deinen Rahmen immer weiter vergrößerst. Kannst du dir vorstellen, dass es keinen Rahmen mehr gibt? Gerade das, was du von deinem eigenen Leben nicht verstehst, ist die Anziehung des Geheimnisses. Du darfst dich entgrenzen, du darfst einen Moment, eine Stunde lang grenzenlos sein – schon in diesem Körper, in dieser Enge.
Vielleicht gilt für dich wie für mich, dass auch gerade das, was wir nicht verstehen, ein wichtiger Bestandteil unseres Lebens ist. So werden wir offener und weiter. Es geht immer wieder darum, die Botschaften meines Lebens zu hören – die Botschaften, die ich zu bekommen scheine und die, die ich mit meinem Leben sende.
Wenn du so vor dem Geheimnis deines Lebens stehst,

wenn kein Rahmen um die Bilder deines Lebens zu kriegen ist – dann hast du eine besondere Ausstrahlung. Deine Sicherheit hat Platz gemacht für eine himmlische Unkalkulierbarkeit; die Festigkeit, mit der du dein Leben bewältigst, rückt weg und ein Zustand, in dem alles in der Schwebe ist, nimmt ihren Platz ein. Die Überzeugungen sind nur noch staunende Vermutungen, das klar Umrissene wird durchsichtig. Du stockst häufiger, die Tragweite deiner Worte steht deutlicher im Raum. Wenn man den besonderen Blick hat, sieht man deine Flügel wachsen.
Dann begreife ich, dass du ein Lichtwesen bist wie ich auch. Dann wird deutlich, dass wir vorübergehend von den Dimensionen dieser Welt gefangen sind. Ich danke dir für die Pflöcke, mit denen du den Weg markierst, auch wenn er für jeden anders ist.

Freundschaft

Ich frage mich oft, warum wir allgemein die Möglichkeiten von Freundschaft nicht stärker erforschen und nutzen. In unseren Freunden sind wir umgeben von Reichtum. Ich war darum von Anfang sehr froh, dass du die tiefe Bedeutung von Austausch und gegenseitiger Bewusstmachung schätzt und dass wir diese Betrachtungen anstellen konnten. Ich kenne nichts, das uns tiefer ins Leben hineinführt als diese gegenseitige Herausforderung und Ermunterung.
Wir suchen alle nach Liebe, eine jede und ein jeder auf die ganz eigene Art. Wir suchen – und doch sind wir alle umgeben von vielen Möglichkeiten, zu lieben und uns lieben zu lassen. Vielleicht haben wir ein gewisses Bild, wie das aussehen sollte, und vielleicht ist das Bild unser Problem.

Unsere Freundschaft ist eine tragende Liebe. Sie erhält mich und ich denke, dich auch. Aber viele würden unsere Liebe suspekt finden – eben weil unsere Gesellschaft ein so enges Verständnis von Liebe hat. Eine gewisse Nähe ist nur Verheirateten oder Menschen in einer festen Partnerschaft erlaubt. Schade. Ich will nichts von dir, ich will dir nur deine Kostbarkeit spiegeln und mit dir über die wichtigen Dinge des Lebens nachdenken. Ich kenne nichts Wertvolleres. Und von dir erlebe ich kostbare Zuwendung, die mein Leben bereichert. Das ist viel in einer liebearmen Zeit. Liebe fördert Liebe, sowie Gleichgültigkeit Gleichgültigkeit erzeugt. Wir haben einander beschenkt. Was ich dir gebe, kann ich auch anderen geben und was ich von dir empfangen habe, kann ich anderen weitergeben. Es ist eine Win-win-Situation. Wir gewinnen alle, wenn wir uns für dieses Leben öffnen. Mit unserer Freundschaft nehmen wir niemandem etwas. Ich danke dir für die Gabe der Freundschaft. Ich werde sie ehren und mich so einrichten, dass sie immer einen wichtigen Platz in meinem Leben hat.

Du hast erwähnt, dass diese Freundschaft etwas Besonderes ist, und damit angedeutet, dass sie nicht für jedermann möglich ist. Das mag sein, aber das ist bedauernswert, weil wir so an Gaben, die wir einander schenken könnten, vorbeigehen. Ich wünsche mir diese Art des Austauschs, diese vorsichtige Nähe, dieses Glück der Bewusstwerdung, diese Suche nach Gott, der alte Vorstellungen sprengt, diese Ahnen des Unendlichen als Herzstück jeder Beziehung. Ich kann dich lächeln sehen, weil du Mühe hast, dir das vorzustellen. Probiere es und mache es zu einem inneren Bild und du wirst sehen, wie sich alles verändert. Das Leben würde eine Dichte bekommen, es würde weniger schmerzhafte Einsamkeit geben und persönliches Wachstum würde zu einem reiferen Miteinander führen. Haben wir es nicht erlebt?

Erfahrungen

Ich bewundere deine Fähigkeit, aus Erlebnissen Erfahrungen zu machen. Ich vermute, dass das bei dir ganz intuitiv abläuft, weil es der Weg des Wachstums ist. Du erlebst etwas, es kann schön, befremdlich, schmerzhaft oder beglückend sein. Es ist deine Art, dich dem Erlebnis auszusetzen. Du gibst dich hinein und erlebst es darum auch tiefer. Es ist nicht nur anempfunden. Du wirst ein Teil des Erlebnisses.
Dann kommt die Frage: Was machen wir mit unseren Erlebnissen. Viele Menschen packen Erlebnis auf Erlebnis. Sie sind erlebnishungrig, vielleicht sogar erlebnisgierig. Nur so erleben sie sich als lebendig. Aber bei dir beobachte ich immer mehr, dass du ein großes Bedürfnis hast, deine Erlebnisse zu verarbeiten. Du willst sie zu Erfahrungen machen. Ich habe es neulich wieder erlebt, als wir zusammen mit deinen Freunden waren. Du hast häufig gefragt, wenn jemand erzählt hat, was das denn zu bedeuten habe. Du warst nicht mit der Schilderung des Erlebnisses zufrieden, sondern wolltest wissen, was der Erzählende daraus gemacht hatte. Ich habe gemerkt, wie du manchmal nicht verstanden wurdest – die Schilderung des Erlebnisses war den meisten genug. Aber dir eben nicht. Ich habe deine Ausdauer bewundert, mit der du immer noch einmal nachgefragt hast. Langsam war zu merken, wie dein Gegenüber mehr und mehr über seine/ihre Erlebnisse nachdachte. Es war wie ein Aufziehen eines Vorhangs. Dahinter war zu sehen, worum es wirklich ging. Das ist für mich wie ein Fest. Du kennst ja meinen Wunsch nach Bewusstwerdung, nach einem tieferen Verstehen, nach der Erkenntnis, wie alles zusammenhängt. Mit deiner Art leitest du diese Bewusstwerdung ein. Dieser Beitrag ist kostbar.

Alles erfüllte sich

Heute scheint die Sonne. Langsam kommt der Herbst. Ich liebe den Herbst wegen seiner Lebendigkeit. Es ist nicht mehr Sommer und noch nicht Winter. Der Herbst tanzt auf der Grenze, wo man am meisten lernt. Auf dem Waldweg, auf dem ich heute unterwegs war, fand ich etwas für mich. Es war eine Einsicht über die Werte, nach denen ich lebe. Einen Moment lang fiel vieles von mir ab – ich sah, dass es fast wertlos war. Es würde keinen Bestand haben, wenn es in die letzten Tage und Stunden geht. Es war zu vordergründig. Ich konnte es loslassen, ohne das Empfinden zu haben, etwas zu verlieren. Ich konnte es abstreifen, als wenn man sich nach dem Baden in einem See das Wasser mit den Händen vom Leib abstreift. In den Momenten erlebte ich eine Art Neugeburt, aus der ich leichter und einfacher hervorging. Das Licht fiel in Bahnen durch den leichten Nebel und durch die farbigen Blätter. Alles war an seinem Platz und erfüllte sich. Es ist, als käme das Licht nicht von einer geistigen Welt

Es sind kostbare Momente für mich und ich schätze es sehr, dass du sie verstehst. Wie wertvoll sind doch Menschen, denen man sich anvertrauen kann, ohne missverstanden zu werden. Dein Verständnis öffnet mich, macht das Ungedachte in mir denkbar und dann auch sagbar. Darum ist mir unsere Freundschaft so kostbar. Das wollte ich dir noch schnell sagen, ehe ich die ersten Blätter zusammenharke.

Dein Verständnis öffnet mich
und macht das Ungedachte in mir
denkbar und dann auch sagbar.

Der Zauber unseres Wesens

Indem wir einander kennenlernen, lernen wir uns selbst auch kennen. Bewusstwerdung geschieht nicht im luftleeren Raum, sondern mit Menschen. Durch dich erkenne ich mich und du hast mir neulich gesagt, dass durch das, was ich dir spiegele, du dich selbst etwas besser kennengelernt hast. Was für ein Reichtum, was für ein Vorrecht. Was für ein Abenteuerfeld die Seele mit ihren Bedürfnissen, Geheimnissen und Geschenken doch ist. Es gibt nichts Vergleichbares.

Es gibt Tage, da wirkt das Ganze so leicht. Wir brauchen nur versuchen, einem anderen Menschen nahe zu sein, mit vorsichtigen Worten, mit kleinen Fragen, mit zugewandter Aufmerksamkeit, mit unserem kostbaren Interesse. Es ist keine unlösbare Aufgabe: Es ist keine Gehirnchirurgie, wir müssen nicht den Atlantik im Ruderboot überqueren, nicht den Mount Everest besteigen, nicht für jemanden sterben: nur da sein, mit dem ganzen Zauber unseres Wesens. Da sein. Ich höre deinen Einwand bezüglich des Begriffs „Zauber deines Wesens". Du bist dir deines „Zaubers" nicht sicher. Ich meine damit auch nicht besondere Fähigkeiten oder Begabungen, nicht äußere oder innere Schönheit – sondern nur die Buntheit, die wir alle haben, die Einmaligkeit. Ich glaube, ein jeder Mensch hat etwas Faszinierendes, wenn er oder sie sich erlaubt, die eigene Einmaligkeit zu zeigen. Stattdessen sind wir damit beschäftigt, einem zweifelhaften Bild von dem, was es ist, Mensch zu sein, zu folgen. Wir haben uns durch dieses Bild freiwillig begrenzt und werden genau in dieser Begrenzung langweilig. Du spielst dieses Spiel nicht mit und darum bist du „zauberhaft".

Ich habe dich zu Beginn dieser Briefe eine „unbeschreibliche Seele" genannt. Bei dem Gedanken bin ich immer noch. Soweit du dieser Seele und ebenso deinem Geist nachgehst und mir erlaubst, dich zu begleiten, werden wir auf den Zauber deines Wesens stoßen. Und du wirst so erstaunt sein, wie ich. Und wenn ich dich ebenso einlasse in das, was mich bewegt und Worte oder Schweigen benutze, um das ausdrücken, was ich selbst kaum fassen kann, dann wird Land aus dem Wasser aufsteigen und ich werde nicht im Meer der Alltäglichkeit ertrinken, sondern auf dem neuen Land eine Heimat finden. Es ist geschehen, es wird wieder geschehen. Es ist unsere Berufung.

Bedingungslose Liebe?

Du hast gefragt, ob es die bedingungslose Liebe in der Wirklichkeit gibt oder nur in der Theorie, nur als Fernziel, als eine Art von Vollkommenheit, die sich immer lohnt anzustreben. Das ist eine der zentralen Fragen in jeder Beziehung. Wie viel Unterschiedlichkeit, wie viel Fremdheit kann ich ertragen, ohne mich dabei selbst zu verlieren oder auszulöschen? Oder ist es das höchste Ziel sich ganz auszulöschen für den anderen? Oder andererseits wie viel Aushalten ist gut für den Partner, oder lässt ihn mein Aushalten in einer Unbewusstheit beharren, die ihn zerstört und die genau dadurch mein Verhalten lieblos macht?
Sicher gibt es bedingungslose Liebe als Gedanken, aber ich kenne keinen Menschen, der sie so lebt, dass dabei nur Leben entsteht. Heißt es, alles mit sich machen zu lassen? Zu lieben kann nie heißen, sich so zu verhalten, dass der andere dabei weiterschläft. Liebe weckt auf.
Als ich das sagte, ging ein Leuchten über dein Gesicht und dir schien etwas aufzugehen, das dir vorher entgangen war. Das Stichwort war: aufwecken. Du wolltest dann

nicht weiter darüber reden, aber dein Tag schien gerettet. Es geht nicht, dass wir einander um der Liebe willen – weil wir einander schützen wollen, weil wir einander so kostbar sind – nicht aufwecken. Es ist ein Schutz, an dem wir zugrunde gehen. Vielleicht ist am Ende nichts so hart wie die Liebe, weil wir uns einander geöffnet haben und gerade darum einander tiefer verletzen können. Die Härte kann dann der Weg der Liebe sein, weil Liebe nicht nur ein Gefühl ist, sondern die Entscheidung, zu wachsen und Wachstum zu ermöglichen. Alles andere ist eine romantische Vorstellung von Liebe, die sich wunderbar anhört, aber an dessen Ende nicht dieses Aufwachen steht, was so lebensnötig ist und was mit jedem Lieben Hand in Hand gehen muss. Wir können nicht verhindern, dass die Liebe über uns kommt, auch in Form von sexuellen Gefühlen und von dem Wunsch nach Verschmelzung – das ist ein Überbleibsel aus frühen Zeiten, in denen es nur so möglich war, unsere Spezies zu erhalten und zu vergrößern. Wir brauchten diese Überwältigung durch unsere Gefühle und auch heute noch kennen wir dieses erhebende Gefühl. Aber das ist zu wenig für die Liebe des reifen Menschen. Das ist nicht die Liebe, die sich selbst für einen anderen Menschen opfert und auf die man etwas Permanentes bauen kann. Diese andere Liebe ist das Schwerste, was wir lernen müssen, weil wir so heftig gegen eine Seite von uns selbst angehen müssen. Wir können nicht dem leichten, wunderbaren Gefühl trauen. Aber es ist der Weg in die große Weite einer anderen Wirklichkeit.
Ganz von diesen Gedanken abgesehen: Jede Haltung und Handlung hat ihre Konsequenzen. Wenn ich mich in eine Liebesbeziehung gebe, dann hat alles, was ich tue, und alles, was mein Gegenüber tut, Konsequenzen. An dieser Stelle wird Jesus und die Liebe zu seinen Feinden oft zitiert. Das war sicherlich eine reife Form von

Liebe, aber es war keine anhaltende Beziehung. Seine Feinde brachten Jesus um und das war das irdische Ende der Beziehung. Ich kann einen Menschen mit dieser Haltung lieben, aber da, wo ich von dem anderen zerstört werde, hat dies Konsequenzen für die Beziehung. Vielleicht gelingt es mir, meine Liebe nicht zu entziehen, aber dadurch wird daraus keine Beziehung, sondern eine einseitige Zuwendung. Das ist möglich und edel, aber der andere, der die Beziehung zerstört, wird mit der zerstörten Beziehung leben müssen. Durch meine bedingungslose Liebe kann ich die Zerstörung nicht aufhalten, außer dass ein Wunder an dem Zerstörer passiert. Die bedingungslose Liebe schafft also nicht immer Beziehung. Vielleicht gibt es Situationen, in denen eine Spiegelung der Konsequenzen der Ausdruck einer tieferen Liebe ist. Es darf nicht im Sinne einer Drohung geschehen, aber als ein Ausdruck der Unerbittlichkeit von Konsequenzen für all unsere Taten. Am Ende tönt es so aus dem Wald heraus, wie wir hineingerufen haben. Selbst wenn in dem Wald ein tief Liebender verborgen ist. Wenn wir geliebt werden, diese Liebe aber nicht annehmen und sie zerstören, zerstören wir die Liebe in unserem Leben, ganz gleich wie sehr uns der andere liebt. Da gibt es dann nur noch ein Wunder, was die Liebe retten kann, und auf diese Wunder darf man nicht spekulieren.

Du merkst vielleicht, dass ich noch lange nicht mit diesen Überlegungen fertig bin. Manchmal denke ich, dass es in diesem Bereich eigentlich keine überall anwendbare Theorie gibt, sondern nur die Praxis. Jeder Mensch ist so anders in der Liebe und jede Beziehung ist eine so tiefe Herausforderung, der man nur in ihrer Einzigartigkeit gerecht werden kann, und sogar das mag sich von Tag zu Tag ändern. Wie ich heute liebe, mag nicht sein, wie ich morgen lieben muss, um es noch wirklich Liebe nennen zu dürfen.

Das,
was uns beseelt,
befähigt uns auch.

Nicht aufgeben

Du sagst, dass du wieder an der Stelle angekommen seist, wo sich das Aufgeben anbietet. Du hast es nicht resignativ gesagt, sondern als eine sachliche Erwägung. Es ist ein stiller und doch harter Kampf, sich nicht dem Gedanken zu beugen, man werde nicht die Kraft haben, dieses oder jenes zu tun. Diese Anfechtung bietet sich immer an. Je weiter wir kommen, desto allgegenwärtiger ist sie. Ab einem gewissen Punkt hält sich der Glaube an die eigenen Fähigkeiten und der Zweifel an ihnen die Waage. Aufzugeben oder weiterzumachen sind gleichwertig. Sie kämpfen um unsere Überzeugung.

So habe ich dein Zögern gedeutet. Du traust dir nicht zu, das hinter dir zu lassen, was dich beschwert und dich dir selbst entfremdet, um einen neuen Weg zu gehen. Das ist genau die Glasdecke, die wir aufgefordert sind zu durchbrechen. Das Ziel ist sichtbar, und doch stoßen wir gegen eine Decke, die oft für andere nicht sichtbar ist – aber sie ist hart und fest. Dann geht es nur darum, sich ganz auf das, was dahinter liegt, zu konzentrieren. Kraft kommt nicht so sehr aus der Fähigkeit, etwas zu können, wie aus dem Glauben, es schaffen zu können. Unsere Haltung wird vom Herzen bestimmt, nicht von einer sachlichen Hochrechnung unserer Fähigkeiten. Dahinter steht eine tiefe, innere Verbindung mit dem Leben, die sich behaupten will. Wenn du erkennst, dass es letzlich keinen anderen Weg gibt als den der Selbstbestimmung und hinaus aus jeder Fremdbestimmung, sei sie auch noch so subtil, dann wächst dir genau aus dieser Erkenntnis Kraft zu. Dann ist die Entschiedenheit, so zu leben, der Energiespender für diesen Weg: Das, was uns beseelt, befähigt uns auch. Ich spüre, wie sich dein Leben auf diesem Grat abspielt, und ich bin überzeugt, dass du deinen Weg finden wirst. Der Wunsch, so frei zu leben, ist so stark in dir, dass er nicht untergehen wird. Es ist nie gut, die Wünsche anderer zu leben, weder für dich, noch für sie. Es führt zur Verwöhnung und zum Untergang der Vielfalt. Darum habe ich auch meine Mühe mit Vorbildern. Du hast mir mal gesagt, dass du nie ein Vorbild hattest. Mir ging es auch so und ich suche auch jetzt nach keinem mehr. Auch will ich kein Vorbild sein. Mir ist es peinlich, wenn jemand etwas tut oder denkt, weil ich es getan oder gedacht habe. Ich kann es annehmen, wenn der andere Mensch es zu seinem Eigenen macht, wirklich zu etwas Eigenem, und dafür einen eigenen, einmaligen Ausdruck findet. Ich will kein Nachfolger sein, weil es mich so wie ich bin und in der Zeit, in der ich existiere, noch nie gegeben hat. Darum kann mein Leben nur ein einmaliges sein. Das gilt auch für die, die mir *nachfolgen* wollen. Sie sollten besser ihren eigenen Weg gehen. Wenn ich etwas auf facebook poste, dann nur um zu sagen, wie ich etwas sehe und wie ich es erlebt habe. Vielleicht kann es ein Hinweis für die eigene Lebensbewältigung sein, mehr nicht.

Schon während ich dies so schreibe, merke ich die Energie, die in dieser Haltung steckt. Kannst du sie auch spüren? Es ist der Mut, zu sich selbst zu stehen und die eigene Einmaligkeit und auch Schönheit anzunehmen.

Ich danke dir, dass du mir erlaubst, dir so zugewandt zu sein, auch wenn uns keine Vereinbarung und kein Vertrag zusammenhält. Die Freiheit der Zuwendung ist so kostbar.

Sehnsucht

Wir haben Sehnsucht nach dem, was über uns hinausgeht.

Ungewöhnlich

Ich habe ein Thema vermieden, auch wenn es mich in fast jedem Gedanken an dich beschäftigt. Unsere Freundschaft in ihrer Tiefe ist ungewöhnlich und viele werden sie nicht verstehen. Auch ich staune, dass sie möglich ist. Ehepaare unterzeichnen gewöhnlich ein Schriftstück, um offiziell verheiratet zu sein. Und auch da, wo sie es nicht tun, ist meistens für alle klar, dass sie zusammengehören. Wir dagegen stehen fest in anderen Partnerschaften und sind einander doch so fest und tief verbunden. Das sprengt die Vorstellungen von vielen. Noch immer wird Freundschaft wie eine nette Verzierung des Lebens gesehen, und nicht als etwas Lebensnotwendiges. Ich weiß aber, dass Freundschaft nötig ist, um gesund zu leben. Gerade weil wir einander nicht „gehören", ist es leichter möglich, einander ohne Erwartungen zugewandt zu sein und Neues zu denken.

Meine Zuwendung zu dir ist nicht uneigennützig, das gebe ich gerne zu. Ich „brauche" dich, um einen Blick von außen auf mich tun zu können. Du bist der Mensch, der letzlich keine Versprechungen gibt oder verlangt. Wir sind „frei" voneinander und können einander darum frei spiegeln.

Auch finde ich es wunderbar, dass wir einander etwas von der Liebe, dieser urwüchsigen Kraft, mitteilen können. Weil wir nicht die Alltäglichkeiten teilen, sind wir frei, uns über Freundschaft und Liebe Gedanken zu machen, die bekannte Muster, Haltungen und Anwendungen sprengen. Ich habe die Liebe immer als etwas verstanden, das nicht in irgendeine Form einzusperren ist. Sie ist zu groß, um über sie zu bestimmen.

Gleichültigkeit

Ich beobachte, wie stark du dich gegen die Gleichgültigkeit wehrst. Vielleicht ist sie unser größter Feind, weil sie so schleichend daherkommt. Du scheinst es intuitiv zu erfassen. Sie ist wie ein stilles, fast unsichtbares Ungeheuer, dass uns über Jahre hinweg Stück um Stück verschlingt, sodass wir es kaum merken. So gelangen wir an die Innenseite des Ungeheuers und finden es mit der Zeit ganz normal – das verlorene Licht, die Armut in unserem Leben, die schleichende Langeweile, unsere fehlenden Fragen, unsere zunehmende Blindheit, unser Interesselosigkeit am Leben, unsere Müdigkeit. Wir legitimieren sie sogar mit unserem Älterwerden. Diese Erklärung ist schon ein Teil des Ungeheuers in uns. Gleichgültigkeit muss beim Altern nicht automatisch kommen. Gleichgültigkeit ist am Ende die Summe vieler kleiner Entscheidungen.

Im Augenblick sieht es so aus, als könnte dir das nicht passieren und sicherlich fühlst du auch, als wäre das weit weg von dir. Aber ich glaube, dass niemand vor der Gleichgültigkeit sicher ist. Von Jahr zu Jahr müssen wir etwas mehr einsetzen, um sie uns vom Leib und vom Herzen zu halten. Was uns zufiel, als wir jünger, leidenschaftlicher und begeisterter waren, müssen wir uns nun bewusst erarbeiten. Tun wir es nicht, geht der Prozess der Vergleichgültigung von selbst weiter. Nichts zu tun, ist darum keine Option. Es vergeht kaum ein Tag, an dem ich mir selbst das nicht sage. Aber auch das reicht nicht immer. Wenn ich keinen Fokus habe, keinen Konzentrationspunkt, auf den ich ausgerichtet bin, dann ist das Ungeheuer schon wieder da und flüstert mir Sprüche ein wie: *Nimm´s nicht so ernst, Was soll das schon?, Das ist schon alles dagewesen.* Auch meine Umwelt vermittelt mir, dass meine Sicht unpassend ist für mein

Alter. Dabei will ich nicht unbedingt jung bleiben, wohl aber lebendig. Ich kämpfe nicht gegen etwas Kleines, sondern gegen ein Ungeheuer, das so unscheinbar ist, dass man es meistens nicht als Ungeheuer erkennt. Darin liegt seine besondere Gefahr.
Ich bin so dankbar für unsere Freundschaft, weil wir das ansprechen können. Wenn du mir den Spiegel vorhältst, kann ich sehen, wo ich gleichgültig werde. Ich erkenne meine Blasiertheit. Zwar argumentiere ich manchmal, dass es meine Gelassenheit ist. Aber Gelassenheit ist lebendig, liebt das Leben, lebt noch in wirklicher Beziehung. Gleichgültigkeit ist resigniert, ohne es zuzugeben, ist gelangweilt dem Leben gegenüber und belächelt tiefe Beziehungen. Gleichgültigkeit ist ein Verrat am Leben, es ist eine Vorwegnahme des Sterbens, ohne wirklich zu sterben.
Ich bin sehr glücklich, dich als Gegenüber in meinem Leben zu haben, gerade auch, um in diesem Bereich achtsam zu bleiben. Es ist ein ganz großes Geschenk. Du bist ein großes Geschenk für mich. Unsere Freundschaft erhebt mein Leben.

Gelassenheit

Oft schon habe ich mich an deinem Feuer und deiner Leidenschaftlichkeit gefreut. Daraus entsteht das Neue in der Welt. So wird die Welt weiter. Ich verbinde das in letzter Zeit mit einer anderen Überlegung: Ich übe es, manches nicht mit mehr Disziplin zu tun, sondern stärker intuitiv zu leben. In unserer Kultur haben wir den Willen und die Entscheidung sehr wichtig genommen. Ich glaube, dass Entschiedenheit die Kehrseite der Verwöhnung ist. Entschiedenheit kann genauso negativ sein kann wie die Verwöhnung. Wir verwöhnen

uns, indem wir alles schluren lassen und erwarten, dass uns das Leben alles recht macht. Die Entschiedenheit meint, sie könne alles mit der Macht des Willens an den rechten Ort rücken. Beides ist eine Kurzsichtigkeit, eine Rechnung, die nicht aufgeht.
Gelassenheit ist nicht Disziplinlosigkeit, sondern die Konzentration auf das, was ohne mich möglich ist durch die Energie, die mich umgibt und mich durchzieht. Im Mittelalter gebrauchte man das Wort, um die Gottergebenheit des Menschen zu beschreiben. Gelassenheit ist eine Form von Vertrauen. Meister Eckhart geht sogar so weit, dass wir Gott lassen in dieser Gelassenheit. Er schreibt dazu: „Ez enist kein rât als guot, got ze vindenne, dan wâ man got læzet." „Kein Rat ist so nützlich, Gott aufzufinden, wie jener, dass man Gott lassen möge."

Die Geheimnisse in dir

Ich freue mich riesig, wenn du über die Geheimnisse sprichst, die du in dir trägst, weil ich glaube, dass wir alle derartige Geheimnisse in uns tragen. Sie machen einen Teil unserer Gestalt aus – nicht nur das, was wir von uns zeigen. Wir sind gerade auch unsere stillen, geheimnisvollen Sehnsüchte und ich wünsche mir, dass wir den Mut haben, zu ihnen zu stehen.
Du schreibst, dass du öfter überrascht bist von dem, was noch unerkannterweise in dir lebt. Manchmal erschrickst du über seine Macht. Du hast gesagt, dass du es gern „herauszwingen" möchtest aus dir. Lass es ruhen, bis es sich zeigen will. Man kann es nicht gewaltsam heben, ohne dabei Schaden zu nehmen. Wir tragen eine Art Selbstschutz in uns, der weiß, wann es Zeit ist, an die Dinge zu gehen, die sich versteckt halten.
Ich meine, dass es darum geht, die Unsicherheit unseres

Ahnens selbst zu lieben. Ich habe eine stille Angst vor der Festigkeit der Wissenden.
Wir wachsen dem entgegen, was wir ahnen, um in unserem Wachstum den Punkt zu erreichen, wo wir in dem aufwachen, was wir früher nur geahnt haben. Dann erwachen wir wie die Träumenden.

Sinnlosigkeit

Wir hatten uns auf unserem Spaziergang am Fluss über die sich ausbreitende Sinnlosigkeit in der Welt unterhalten. Ich glaube, wenn wir Erlebnisse überbetonen und sie nicht zu durchdachten Erfahrungen machen, die uns weiterbringen, dass wir dann Sinnlosigkeit erleben. Wir wiederholen uns und unsere Fehler immer wieder. Das stürzt uns in die Sinnlosigkeit.
Du hast bei unserem letzten Treffen geschildert, wie ihr als Familie unter dem Raubüberfall in euren Ferien gelitten habt und wie er euch fast die ganzen Ferien ruiniert hätte. Du hast mir das Ganze nicht als Erlebnis geschildert, sondern als Erfahrung. Neben deinem Bericht lief eine Art „Auswertung" mit, die das Erlebte heraushob aus dem bloßen Ereignis und zu einer inneren Einsicht umformte. Du bist daran gewachsen und gerade durch dieses Wachstum und die damit verbundenen Einsichten gelingt es uns, einen Sinn zu setzen und nicht der Sinnlosigkeit anheimzufallen.
Dir kann in dem Sinne eigentlich „nichts mehr passieren", weil du durch diese Einstellung aus allem etwas machen kannst. Du bist deinen Erlebnissen nicht ausgeliefert wie die meisten Menschen, sondern verwandelst sie zu etwas Wesentlichem – zu einer Einsicht, mit der du das Leben besser erfassen kannst. Das ist das größte Handwerkszeug, das wir besitzen können.

Die neue Zeit

Du hast neulich die Frage in den Raum gestellt, wohin wir in unserer Zeit gehen, und niemand wusste so recht darauf zu antworten. Ich habe das Empfinden, dass wir in eine Zeit gehen, in der es einerseits dunkler werden wird, aber andererseits die Menschen hervortreten werden, die aus einer anderen Quelle leben. Was diese Quelle ist, will ich nicht begrenzend sagen. Ich glaube, es wird eine spannende Kombination von Leben aus einer anderen Wirklichkeit sein – von einer neuen, innigeren Nähe zur Welt, in der jedes Ding eine neue Wertigkeit erfährt. Es wird ein neuer Ernst sein, mit dem sich heiter leben lässt, also kein tierischer Ernst, der herunterzieht und lebensunfähig macht. Und am wichtigsten wird es sein, dass sich dieser Ernst manifestieren wird – er wird sich nicht demonstrieren, nicht mit sich selbst angeben, sondern er wird durch seine stille Anwesenheit wirken.

Ich sehe in dir diesen Menschen der Zukunft. Ich würde auch gern noch so leben und dieses Leben lernen, aber vielleicht werde ich es in der Zeit, die mir noch bleibt, nicht zu der Meisterschaft bringen, zu der du vielleicht fähig sein wirst. Lass dich jetzt nicht von dem unter Druck setzen, was ich schreibe. Es ist ein Ausdruck des Vertrauens.

Ich traue dir zu, dass du so leben wirst. Du gehst schon auf diesem Weg, auch wenn du selbst daran zweifelst.

Ich habe das Empfinden, dass sich etwas in dir auftut – als tätest du einen Schritt in eine Vollendung, die nur für dich gilt. Du wirst nicht perfekt werden, nicht langweilig vollkommen, aber etwas in dir wird sich zueinander fügen, dass dich ein wesentliches Stück weiterführt. Erstaunlich ist die Stetigkeit, mit der du weiterwächst – auch wenn du gelegentlich nichts von deinem

Wachstum siehst. Du reifst weiter. Ich finde es wichtig, dir das zu sagen – sozusagen gegen deine Selbstkritik. Hast du gemerkt, dass sich vor dir ein Weg auftut, mehr als ein Weg – eine ganze Welt? Manchmal meine ich schon, sie zu sehen, aber es steht mir nicht zu, sie für dich zu zeichnen – es muss deine Entdeckung bleiben. Ich kann nur sagen, dass die Welt dich mitreißen wird, sie ist größer als du, aber auf eine seltsame Weise von dir abhängig – du musst sie ins Leben rufen. Sie bedarf deiner Energie und hast du diese investiert, wird sie damit nach vorne stürmen, dich mitnehmen und unhaltbar sein. Es ist eine heilige Energie, aufgehoben für den Menschen, der nur eines will. Nur das Eine, für das es viele Worte und Namen gibt, aber es ist immer das Eine. Du lebst am Rande zu diesem Einen – es wird sich dir öffnen und du wirst mehr als staunen.

Stellvertretung

Habe ich dir schon gesagt, dass mit dir die ganze Welt zu mir kommt? In der Begegnung verlasse ich meinen Innenraum, meine Enge. Ich trete in die Welt, ich wage es, mit der Welt da draußen Verbindung aufzunehmen. Du bist sozusagen der Gesandte dieser Welt. In dir kommen alle zu mir. Schon lange interessiert mich der Gedanke der Stellvertretung. Ich kann nicht mit der ganzen Welt in Kontakt treten, wohl aber mit einem Menschen, der für diese Welt steht. So hast du, seitdem wir uns kennen, stellvertretend für die Welt gestanden. Was ich mit dir glernt habe, habe ich für die Welt gelernt. Und was ich dir gegeben habe, habe ich der Welt gegeben. Wir sind immer wir selbst und gleichzeitig so viel mehr. Gelegentlich sind wir alle füreinander.

Wir sind alle
Gesandte der Welt
füreinander.

Was ich bereue?

Weil du mich so direkt gefragt hast, rede ich heute mehr von mir als von dir. Dabei will ich meine Antwort auf deine große Frage so setzen, dass sie auch dich etwas angeht. Ich glaube ohnehin, dass, wenn wir uns in der Tiefe mit etwas beschäftigen, es alle Menschen betrifft.

Du hast mich also gefragt, ob es etwas in meinem Leben gäbe, was ich bereue und was ich unbedingt rückgängig machen würde, wenn ich es könnte. Ich habe jetzt eine Woche darüber nachdenken können. Ich habe sogar einige meiner alten Tagebücher hervorgeholt, um mir gewisse Jahre noch einmal anzusehen.

Meine erste Reaktion auf deine Frage war für mich interessant: Ich meinte sofort, dass es da so allerhand geben würde. Als ich mich dann aber der Sache zuwendete, merkte ich, dass es nicht so war. Natürlich ist in meinem Leben manches seltsam gelaufen, das ich zu dem Zeitpunkt gern anders gehabt hätte – besonders gewisse Handlungen meinerseits. Ich habe Fehler gemacht und Fehler sind an mir geschehen. Und doch, wenn ich jetzt zurückblicke, dann weiß ich, dass alles so richtig war und so kommen musste. Sonst wäre ich nicht der Mensch, der ich jetzt bin. Ich sage das nicht leichtfertig – ich könnte mich selbst, andere Menschen, die Umstände und sogar Gott anklagen. Aber ich trage diese Unzufriedenheit meistens nicht in mir. Es gibt eine Wehmut (da ist das Wort wieder, über das wir so lange geredet haben) in mir, die manchmal bedauert, dass manches so war, wie es war, aber es ist trotzdem nicht etwas, was ich ändern würde – eben weil ich mehr ahne als begreife, dass es genau so sein musste. Die Wehmut kommt aus einem Restglauben, dass das Leben ein Märchen ist. Wir haben uns ja schon öfter darüber unterhalten – diese Auffassung, dass alles leichter und schöner sein müsste, als es ist, und dass am Ende der Prinz seine Prinzessin trifft und kein Leid mehr geschieht. Ich wehre mich gegen diese Wehmut, weil ich glaube, dass dieses Leben anders ist und anders sein soll als ein Märchen. Das, was ich getan habe, und das, was an mir geschehen ist, war das, was möglich war – unter den gegebenen Umständen, mit den Menschen und ihrem Reifegrad. Aber daraus ist das möglich geworden, was danach kam. Das ist meine Entwicklung und mein Beitrag zur Entwicklung der Welt. Es war, was es war. Ich rette damit die Vergangenheit für mich. Sie muss nicht anders sein. In *the big picture* musste es mit allem Leid und Glück so sein. Bitte höre darin aber nicht Härte und Gleichgültigkeit dem Leid gegenüber. Das meine ich nicht. Mir geht es darum, die Vergangenheit zu ehren, ganz gleich wie sie war, und sie als Baustein der Gegenwart zu verstehen. Das erinnert mich auch wieder an die Gelassenheit, über die wir uns unterhalten haben. Gelassenheit ist nicht nur, das anzunehmen, was war, sondern es rückblickend so gewollt zu haben, mit seinem Schmerz und seinem Glück.

Damit komme ich zu einer anderen Frage, die deine erste in sich trägt: ob ich mit meinem Leben jetzt zufrieden bin, besonders auch, wie ich es gestaltet habe. Ich hoffe, du verstehst mich richtig, wenn ich einfach „Ja" darauf antworte. Zwar kenne ich die Sehnsucht nach tieferer Reife, nach größerer Weisheit, nach den Werten, über die wir uns schon oft unterhalten haben – Demut, Sanftmut, Mut allgemein, Liebe, Mitgefühl, Echtheit –, aber ich will ganz bewusst annehmen, dass ich da bin, wo ich bin. Ich bin hier und will hier sein, in meiner Entwicklung. Weil ich jetzt ganz hier bin, ohne die Gegenwart zu verwünschen oder mich für sie zu schämen, kann ich morgen woanders sein. Ich glaube, dass mein ganzes Leben eine große Bewegung ist und diese Bewegung ist manifestierter Geist. Das ist eine tiefe Weisheit, die sich durch mein Leben zieht und der sich alles fügt. Es ist nicht so sehr meine Weisheit, sondern die Weisheit des Lebens, die mich heimsucht und mich in das Amt des Menschseins einsetzt.

Manchmal kann ich das deutlicher in deinem Leben sehen als in meinem. Ich glaube, dass das ein allgemeines Phänomen ist: Wir können die Weisheit im Leben eines anderen Menschen besser erkennen als in unserem eigenen. Vielleicht hält uns das demütig. So kann ich beobachten, wie eine Meisterhand dein Leben Stück um Stück aufbaut – mit jedem Verlust, mit jedem Glück, durch Licht und Dunkelheit, mit jeder Frage und jeder Antwort, in deinen Beziehungen und in deiner Einsamkeit. Ich weiß dabei nicht genau, wessen Hand diese Meisterhand ist: Sicher ist es deine, dazu kommt die Energie des Lebens und auch Gott hat damit etwas zu tun. Bei Gott bin ich immer vorsichtig, weil ich mich und meine Mitmenschen nicht als Marionetten in den Händen eines Marionettenspielers sehen möchte, sei er auch noch so liebevoll und allweise. Dein Leben ist ein Wunderwerk und ich staune nur. Ich kann aber auch verstehen, dass es sich für dich nicht immer so anfühlt – vielleicht auch, weil du zu nahe dran bist.

Alles was passiert, geschieht vor dem großen Hintergrund eines Zustandes, den ich gern das Paradies nenne. Aber da sind wir nicht. Wir bewegen uns darauf zu. Mich verblüfft immer neu die Intensität, mit der ich spüre, dass es etwas anderes geben muss und dass viele das zu spüren scheinen. Dies hier ist nicht alles. Manchmal gefällt mir der Gedanke, dass es eine alternative Wirklichkeit gibt, die auf uns wartet. Dabei spreche ich nicht von einem Leben nach dem Tod. Das wird ein noch anderes Abenteuer sein.

Ich spüre die Wahrnehmung dieser anderen Wirklichkeit auch bei dir. Du wirkst nicht so, wie jemand, der das eigene Leben nur als Durcheinander betrachtet. Du findest immer mehr von dem umfassenden Sinn deines Hierseins. Du nimmst mehr in die Bedeutung hinein. Früher – sogar zu Beginn unseres intensiveren Austausches – hast du noch mehr ausgeklammert. Du konntest dieses und jenes nicht als zum Sinn dazugehörig sehen. Das tust du jetzt weniger. Dein Empfinden für den Sinn deines Lebens erstreckt sich nun über fast alles, was du erlebt. Das ist ein großer Schritt in die Verantwortung für das ganze, eigene Leben. Ich hoffe, du wirst es nie bereuen, auch wenn es mal schwer werden sollte. Da hast das Zeug, die Herausforderungen zu bestehen.
Weißt du, dass dies erst der Anfang ist? Und ein Ende des inneren Abenteuers gibt es nur durch den Tod – zumindest hier auf der Erde. Vielleicht geht das Abenteuer dann erst richtig los. Das übe ich schon hier und jetzt. Mit dir. Ich danke dir und schätze mich glücklich, dich zu kennen.

Deine Stimme

Manchmal höre ich deine Stimme, auch wenn du weit weg bist. Sie ist die zweite Stimme in mir, dabei ist sie aber kein Echo meiner Stimme. Sie ist mir nicht mehr fremd, und doch überrascht sie mich oft mit ihrer andersartigen Sicht. Und gelegentlich ist sie die Stimme, derer sich Gott bedient, wenn er sich mir menschlich nähern will.

Hineingeatmet

Du hast in der Zeit, die wir uns kennen, und besonders in den letzten Monaten mit unserem Austausch, Leben in mich hineingeatmet, hineingesprochen, hineingelacht, hineingetrauert. Ich habe erlebt, dass die Offenheit für die letzten Dinge, aber auch für die vorletzten eine Befreiung zu einem erfüllten Leben ist. Wir müssen sie mit in unser Denken hineinnehmen, wenn wir die Fülle spüren wollen – dazu gehört auch der Tod. Ich verstehe Freundschaft als die gegenseitige Ermutigung zu einem Leben, das sich auf die Unendlichkeit zubewegt. In einem guten Wort, in Blicken, mit denen wir einander meinen, mit Bildern von Reife und Würde können wir schon jetzt unsere Zeitlosigkeit spüren.

Wenn manche deiner Fähigkeiten, die ich beschrieben habe, dir im Druck deiner Entfaltung verlorengehen sollten, dann atme, spreche, lache und trauere ich sie zurück an dich. Sie gehören dir und weil du sie mit mir geteilt hast, kann ich sie dir dann zurückgeben. Davon sollten diese Worte sprechen. Du hast mir geholfen, zu wissen und auch zu erleben, dass keiner von uns alleine ist. Wir sind gehalten von der Energie derer, die, so wie wir, unterwegs sind. Ich danke dir für deine Freundschaft.

Wir haben an einem Stück Himmel gebaut und tun es weiter. Es hat etwas in uns geformt, das uns reicher gemacht hat. Ich spüre die Gegenwart einer anderen Wirklichkeit, wenn wir uns auf diese Weise Gedanken machen. Wir sind ganz hier auf dieser Erde, Menschen, die versuchen die Zusammenhänge zu verstehen. Aber dabei vergessen wir, dass dies vielleicht nur die Vorübung für etwas Großes ist. Es war wunderbar, mit dir Freundschaft zu üben und es weiter tun zu dürfen. Mein Herz ist erfüllt mit Dank, immer wieder.

Entfaltung

Ich habe oft im Gespräch auf deine Worte reagiert, oft auch nur still in mir, aber jetzt möchte ich einige Gedanken aufschreiben und sie dir zukommen lassen.
Als du begannst, mir zu schreiben, war es zunächst seltsam. Aber weil ich dich kannte, habe ich dir vertraut. Und dann geschah das Wunder. Die schon offene Welt tat sich noch weiter für mich auf. Ich habe immer wieder staunend vor deinen Worten gesessen, habe ihr Echo in mir gehört, habe sie auf ihren Wahrheitsgehalt abgeklopft, habe sie mir immer wieder vorgenommen und mich an ihnen hochgezogen, habe mich mit dem, was du über

mich geschrieben hast, verglichen, habe versucht, die Worte in der Tiefe zu verstehen, und bin ihren geheimen Wegen gefolgt. Das überragende Fazit, zu dem ich gekommen bin, war, dass ich mich durch unsere Freundschaft so entfalten konnte, wie ich es sonst nicht hätte tun können. Du weißt, Entfaltung ist eins deiner Lieblingsworte – jetzt verstehe ich es mehr und mehr. Dabei hast du nicht wirklich etwas „getan“ –, du hast nur kommentiert, was du an mir gesehen hast. Du hast mir den Spiegel vorgehalten, deinen Spiegel, wie du mich gesehen hast. Du hast mich begleitet, ohne mich auf irgendeine Weise zu bestimmen. Du warst und bist noch da, ohne Vorgaben und auch ohne die geringsten Erwartungen.
Vieles von dem, was du mir geschrieben hast, könnte ich so an dich schreiben. Es gilt auch für dich, wenigstens die großen Werte, über die du sprichst. Manchmal denke ich, dass deine Beobachtungen von mir und deine Formulierungen über mich ganz beträchtlich dazu beigetragen haben, die Seiten von mir, die du so wunderbar einsichtig beleuchtet hast, wachsen zu lassen. Deine Freundschaft hat mich gefördert. „Fördern“ ist ein zu schwaches Wort. Unsere Freundschaft hat mich getragen und trägt mich noch, ohne dass du mir das Wachsen abgenommen hast. Du hast mich gelassen, bei mir gelassen. Du hast Gelassenheit gezeigt und betont. Ich danke dir. Durch die Freundschaft mit dir habe ich besser erkannt, was sich in mir tut, und es lieben gelernt. Ich weiß, dass ich auch ohne dich an Vielem „dran“ war, aber häufig fehlte mir der Fokus. Ich konnte nicht ganz scharfstellen, was ich dachte, tat oder tun wollte. Manchmal waren es nur Worte, die mir fehlten, oder ein Zwischenstück in einer Abfolge von Gedanken. Sicherlich hast du es oft nicht

geahnt, wie treffend eine Beobachtung von dir war und wie sie etwas ausgelöst hat, das meine Entfaltung begünstigte. Manchmal scheinst du mich besser zu kennen, als ich mich selbst kenne. Dafür danke ich dir.
Ich danke dir auch, dass du dich nicht bei Kleinigkeiten aufgehalten hast. Du hast zwar von kleinen, unscheinbaren Dingen geredet und geschrieben – von einer Armbewegung, von einer Mimik, von einem Wort, von meinem Schweigen –, aber du hast sie immer in Bezug zu dem Großen, Ganzen, Umfassenden gesetzt. Ich danke dir für den Skopus – ich habe das Wort von dir gelernt –, für deine Kühnheit, mit der du dir eine Welt vorgestellt hast, in der das Höhere einen Platz hat.

Ich danke dir für deine Überzeugungen, die durchdacht waren und doch nicht festgefahren, die aus Entscheidungen entstanden sind, die aber auch umgestürzt werden konnten. An ihnen habe ich mich gebildet und mein Leben ist größer geworden. Ich bin in mir auf einen Menschen gestoßen, der fähig ist, groß zu denken und größer zu leben als bisher. An deinen Überzeugungen über mich, auch da, wo ich sie nicht ganz geteilt habe, habe ich mich weiterentwickelt.
Ich danke dir auch, dass du Rücksicht auf meinen Partnerschaft genommen hast, aber nicht aufgehört hast, mir mit deinen Worten die Schönheit meines Lebens zu zeigen. Mir ist bewusst geworden, dass ich erst ich selbst bin und dann alle die Rollen, die ich sonst noch habe. Ich weiß nicht, ob ich das alleine geschafft hätte in meiner Umwelt, wo es eher ungewöhnlich ist, sich mit jemandem in dieser Tiefe zu verstehen. Inzwischen hat mein Partner erkannt, wie er durch deine und meine Freundschaft gewonnen hat.

Ich danke dir für deine Großzügigkeit. Ich habe ab und zu noch Schwierigkeiten, mich so zu sehen, wie du mich beschreibst. Uns als Freundin oder Freund Gottes zu sehen, bringt mich den Tränen nahe, aber ich wachse hinein in dieses Bild von mir. Ich wage aufzuschauen, ich behaupte mich – auch Gott gegenüber, wenigstens gegenüber dem Bild, was ich früher von Gott hatte, in dem ich meistens klein und hilflos geblieben bin. Gott blüht in meinem Verständnis auf und ich gehe mit der Liebe einer Geliebten auf ihn zu.
Ich bin glücklich, auf einem Weg zu sein. Manchmal wünschte ich mir noch mehr Vorhersagbarkeit, weil mir die Unsicherheit zu schaffen macht. Und dann wiederum erkenne ich in der Unsicherheit die große Chance zu wachsen. Dann will ich am Rand leben, an der Grenze zu dem Unfassbaren. Dann spüre ich förmlich, wie ich auf Unendliches bezogen bin, dieses schöne Wort von C.G. Jung. Dann bin ich dankbar für unsere Freundschaft, und es stört mich nicht, was Menschen vielleicht über uns sagen mögen.
Ich ahne, was möglich ist, wenn sich Menschen in Offenheit zusammentun und mutige Schritte gehen. Ich danke dir für deine Freundschaft, für die Stunden, in denen wir an den Rand unseres Denkens und Ahnens gegangen sind. Ich wünsche mir weiter deine Begleitung und ich bin bereit, dich auch weiter zu begleiten, damit wir noch so manches von dem, was wir uns wünschen und vorstellen, zur Reife bringen können. Du hast mich tief berührt mit deiner Achtsamkeit und Behutsamkeit. Du hast dich in mein Leben hineingedacht und mir gesagt, was du dort entdeckst – so manches, was ich selbst über mich nicht wusste oder nicht getraute zu glauben. Es war eine wunderbare Reise und ist es noch. Ich danke dir.

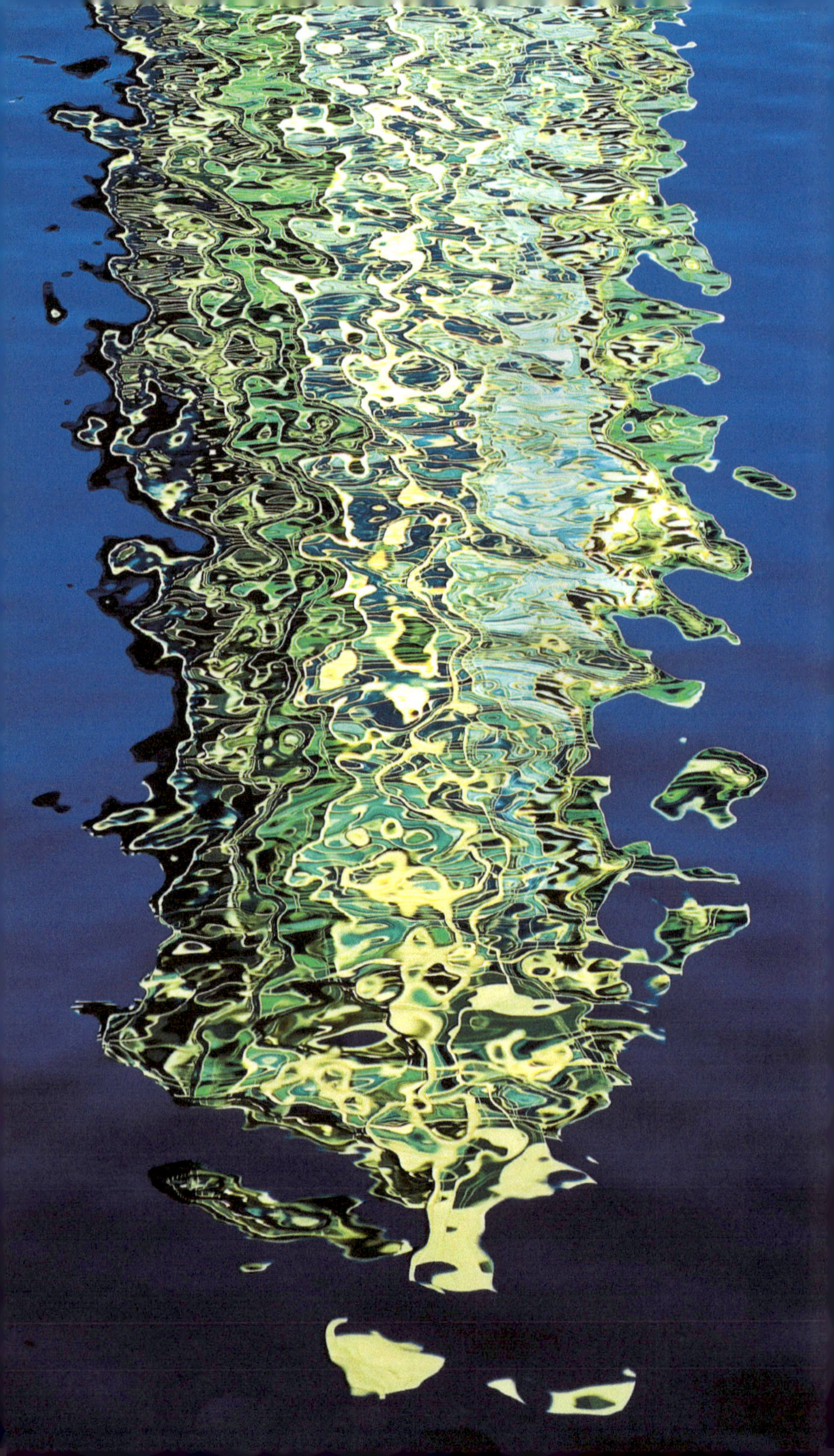

Gedanken zum Buch

Es geht um Zuwendung. Die zwei Menschen in diesem Buch verbindet eine enge Freundschaft. Beiden geht es um ein bewussteres, erfülltes Leben. Sie sind einander zugetan. Sie leben bewusst und lebendig und lassen sich nicht von diesem Weg abbringen. Ich wollte mit diesem Buch die hohe Wertschätzung eines Menschen für einen anderen gestalten. Es ist eine Feier der Freundschaft.
Wir wissen nicht genau, ob es Mann und Frau, zwei Männer oder zwei Frauen sind – weil es auch egal ist. Es geht um die Kraft in der Freundschaft. Sie sind nicht ineinander verliebt, aber sie lieben einander, mit einer Liebe, die ihre Partnerschaften nicht gefährdet, wohl aber ihrer beider Leben offener, weiter, tiefer und erfüllter macht. Sie geben sich nicht mit dem zufrieden, was sie haben, sondern suchen nach mehr. Sie erkennen die kostbare Gabe der Freundschaft und das Glück, den Weg ein Stück gemeinsam gehen zu können.
In diesen Gedanken kommt das gegenseitige Spiegeln mehrmals vor und darum dachte ich, dass meine Wasserspiegelungen, die ich seit Jahren fotografiere, passende Illustrationen wären. Ich habe die schönsten aus meinem großen Fundus ausgesucht. Sie zeigen eine ganz andere Sicht der Welt. Die meisten wurden im Hafen von Vancouver gemacht. Es sind echte Aufnahmen, so wie die links von einem Hochhaus, oft mit einer Tausendstel Sekunde gemacht, weil sie so schnell vorbeigehen. Auf manchen habe ich die Farben verstärkt und das Bild nachträglich geschärft, sonst ist nichts an ihnen getan worden. So schön sieht die gespiegelte Welt aus, die wir oft nicht bewusst sehen.
Das Buch erschien 2014 im Selbstverlag unter dem Titel: *Du bist so viel mehr, als du denkst*. Diese Fassung ist überarbeitet und um 25 Texte erweitert.
Ein herzliches Dankeschön an Anja Erz, die bei der Auswahl der Fotografien und der Gestaltung mitgeholfen hat.

ulrich schaffer

Gibsons, British Columbia, im Frühjahr 2018

Ulrich Schaffer, geb. 1942, lebt als freier Fotograf und Schriftsteller in Gibsons, British Columbia, Kanada. 1961 bis 1970 Studium der Anglistik und Germanistik an der University of British Columbia, Vancouver und an der Universität Hamburg. 1970 bis 1981 Dozent für europäische Literatur an einem College bei Vancouver.
Autor zahlreicher Bücher, die ihn bei einem breiten Publikum bekannt gemacht haben. Die Gesamtauflage seiner Werke beträgt über fünf Millionen. Er kommt jedes Jahr zu Lesungen, Tagungen und Vorträgen nach Europa.
Ulrich Schaffer ist mit Waltraud Schaffer verheiratet und hat zwei erwachsene Töchter, Kira und Zilya. Mehr über ihn kann man auf seiner Website erfahren.
ulrich-schaffer.com

Ulrich Schaffer
GRUNDRECHTE
Ein Manifest, Gebunden,
128 Seiten, 12 Euro
ISBN 978-3-946905-32-5
Kreuz Verlag

Ulrich Schaffer
Leuchtende Natur
Inspiration für das Leben
Gebunden, 96 Seiten, 20 Euro
ISBN 978-3-451-32981-4
Bildband im Verlag Herder

Ulrich Schaffer
Entdecke das Wunder,
das du bist
Kartoniert, 208 Seiten, 14 Euro
ISBN 978-3-451-06977-2
Verlag Herder

Ulrich Schaffer
Im Fluss der Zeit
Kartoniert, 369 Seiten,
12,99 Euro
ISBN 978-3-451-06798-3
Verlag Herder

Bibliografische Information der Deutschen Bibliothek
Die Deutsche Bibliothek verzeichnet diese Publikation
in der Deutschen Nationalbibliografie;
detaillierte bibliografische Daten
sind im Internet über http://dnb.ddb.de abrufbar

www.kreuz-verlag.de

Texte, Konzept, Design und Satz: Ulrich Schaffer
Fotografien: Ulrich Schaffer
Umschlag: Ulrich Schaffer
Autorenfoto: Diethard Merz
Druck: CPI – Clausen & Bosse, Leck

ISBN 978-3-946905-51-6